KB242322

도전과 창조의 아이콘

스티브 잡스

스티브 잡스

정지아 지음

자음과모음

차례

1장

버려진 아이

2장

나를 찾아서

3장

애플의 탄생

버려진 아이

선택받은 아이

아담한 규모의 국민주택들이 늘어선 사우스 샌프란시스코의 어느 집, 현관과 맞닿은 잔디밭에 두 꼬마 아이가 나란히 앉아 있었다. 새파랗게 자란 잔디가 따갑게 내리쬐는 햇살을 받아 검푸르게 반짝였다. 두 아이는 스프링쿨러가 물을 뿜기를 기다리고 있었다. 햇볕은 뜨겁고 공기는 나른했다. 시원한 물줄기가 필요한 날이었다. 정오가 지나고 태양이 하늘 한가운데 솟으면 스프링쿨러가 작동을 시작할 터였다. 사내아이가 불쑥 입을 열었다.

"있잖아, 나는 입양아래."

별 뜻이 있는 건 아니었다. 스티브 잡스라는 이 사내아이는 앞집 여자아이와 좀 더 친해지고 싶었고, 그래서 자신의 이야기를 하나 알려준 것뿐이었다. 그러나 여자아이는 깜짝 놀라 눈을 동그랗게 뜬 채 물었다.

"그러니까 너네 진짜 부모님은 널 원하지 않았다는 얘기야?"

여자아이의 말을 들은 잡스가 자리에서 벌떡 일어났다. 부모님은 별일 아니라는 투로 '입양아'라고 말했었다. 아주 어릴 때부터 듣던 말이라 잡스는 그저 그러려니 대수롭잖게 여겼다. 진짜 부모가 자신을 원하지 않았다는 생각은 한 번도 해 본 적이 없었다. 누군가 망치로 머리를 후려치기라도 한 것처럼 머릿속이 하얘졌다. 어느새 잡스의 뺨으로 눈물이 흐르고 있었다. 눈물을 훔칠 새도 없이 잡스는 현관문을 향해 달렸다.

"아빠! 엄마!"

아버지는 거실에서 신문을 읽고 있었다. 울먹이는 잡스의 고함 소리에 부엌에서 일하던 어머니까지 놀라서 달려 나왔다. 잡스가 와락 어머니의 품으로 달려들었다.

"얘야, 무슨 일이니? 대체 무슨 일인데……."

"내 진짜 부모님이 날 원하지 않은 거예요? 그래서 엄마 아빠가 날 입양한 거예요? 그러니까…… 난…… 버려진 거예요?"

신문을 읽던 아버지가 잡스 곁으로 다가왔다. 아버지는 어머니 품에 안겨 있는 잡스의 팔을 잡고 가만히 돌려세웠다. 그러고는 무릎을 꿇은 채 잡스의 눈을 똑바로 응시하며 말했다.

"아니야, 그게 아니란다. 우리가 너를 특별히 선택한 거란다."

잡스는 아버지의 눈을 똑바로 마주 보았다. 아버지의 눈동자는 전혀 흔들림이 없었고 여느 때처럼 다정했다.

"스티브, 너는 버려진 게 아니야. 우리가, 너를, 특별히, 선택한 거야."

아버지는 한 음절 한 음절 끊어서 단호하게 다시 한 번 반복했다. 잡스의 머릿속으로 여러 가지 일들이 떠올랐다. 아버지는 엄격했지만 틈만 나면 아들과 놀아 주었고, 어머니는 잡스가 이런저런 일로 아버지에게 혼날 때마다 늘 아들의 편을 들어 주었다.

"스티브, 넌 특별한 아이란다."

어머니가 뒤에서 잡스를 끌어안으며 말했다. 머리를 쓰다듬는 어머니의 손은 여느 때처럼 따스하고 부드러웠다. 어느새 잡스의 눈물은 그쳐 있었다. 잡스가 다시 현관으로 달려 나갔다.

"나는 특별한 아이야! 알겠어?"

잡스는 걱정스러운 얼굴로 바라보고 있는 앞집 여자아이를 향해 자랑스럽게 소리쳤다. 스티브 잡스가 여섯 살 때의 일이었다.

스티브 잡스의 친어머니 조앤 시블은 그를 낳을 때 고작 스물세 살의 대학원생이었다. 그녀는 같은 대학원생인 조교 압둘파타 존 잔달리와 사랑에 빠졌다. 두 사람은 열렬히 사랑했지만 잔달리가 시리아 출신이라는 게 문제였다. 잔달리는 시리아에서 정유 공장을 운영하는 부유한 명망가의 자식이었다. 그러나 독일계인 시블의 아버지는 보수적인 사람이라 딸이 아랍 출신의 남자와 사랑에 빠지자 부모 자식 간의 연을 끊겠다고 위협했다. 열렬히 사랑했던 두 사람은 결혼은 하지 않고 사랑만 하기로 결정했다. 그 와중에 잡스를 임신한 것이었다. 당시 미국의 젊은이들은 피임법을 잘 알지 못했고, 낙태는 불법이었다. 불법으로 낙태를 하는 일이 종종 있었지만 가톨릭 집안에서 자란 시블은 도저히 그럴 수 없었다. 그렇다고 아이를 낳아 미혼모로 살 수도 없었다. 그 무렵만 해도 미혼모에 대한 사회적 인식이 좋지 않았기 때문이다.

1955년 2월 24일, 샌프란시스코의 한 병원에서 시블은 잡스를 낳았다. 아이는 즉시 변호사 부부에게 입양이 될 예정이었다. 부모가 대학 이상의 교육을 받은 사람이어야 한다는 게 시블이 내건 단 하나의 조건이었다. 그런 집이라면 아이를 제대로 교육시킬 거라고 생각한 것이다. 그러나 사내아이가 태어나자 변호사 부부는 여자아이를 원한다며 입양을 거절했다. 다음으로 아이를 입양하겠다고 나선 게 폴 잡스와 클라라 잡스 부부였다.

폴 잡스는 고등학교를 중퇴하고 기계공으로 일하다 해병에 복무했던 사람이었다. 자기 아들이 고등학교도 마치지 못한 사람에게 입양되었다는 사실을 알게 된 시블은 입양 서류에 사인하기를 거부했다. 아이가 이미 잡스 부부의 집으로 보내진 뒤였는데도 몇 주를 더 버텼다. 잡스 부부가 아이를 반드시 대학에 보내겠다고 서약서를 쓴 뒤에야 시블은 마침내 입양 서류에 동의했다. 잡스가 정식 입양된 몇 주 후, 시블의 아버지가 세상을 떠났다.

결혼을 결사적으로 반대했던 아버지가 세상을 떠난 그해 크리스마스 무렵, 시블과 잔달리는 결혼식을 올렸다. 시블은 결혼한 뒤 아이를 되찾기 위해 여러모로 노력했다. 그러나 친부모와 입양 가정이 서로 신분을 공개하지 않는 비밀 입양이었던 터라 시블과 잔달리는 끝내 아들을 되찾지 못했다. 시블의 아버지가 몇 주만 일찍 세상을 떠났더라면 잡스는 입양되지 않고 친부모와 함께 살 수 있었을 것이다.

운명의 장난으로 시블과 잔달리의 아들은 폴 잡스와 클라라 잡스 부부의 아들이 되었다. 결혼 9년 만에 처음으로 갖게 된 아들에게 잡스 부부는 스티브라는 이름을 지어 주었다. 잡스 부부는 성실하게 일하는 전형적인 미국인이었고, 부자는 아니었지만 자식에게 무엇이든 해 주려고 노력하는 좋은 부모였다.

그들은 잡스가 입양된 아이라는 것을 굳이 감추지 않았다. 잡스가 두 살 때 입양한 딸 패티에게도 마찬가지였다. 잡스는 자신이 입양아라는 것을 자연스럽게 받아들였다.

세상 사람들은 잡스가 태어나자마자 버림받았기 때문에 괴팍한 성격을 갖게 되었다고 말한다. 그러나 잡스 자신은 버림받았다고 생각하지 않았다. 오히려 자신이 선택받은 사람이라고 믿었다. 잡스 부부는 아들이 그렇게 느낄 수 있도록 키우려고 노력했다.

누군가 잡스 부부를 양부모라고 말하면 잡스는 신경을 곤두세우곤 했다.

"그들은 1000퍼센트 제 부모님입니다."

반면 잡스는 죽을 때까지 친부모를 인정하지 않았다. 심지어 그는,

"그들은 나의 정자와 난자 은행이지요. 무정한 게 아니라 사실이 그래요. 정자 은행일 뿐, 그 이상도 그 이하도 아니지요."

라고 퉁명스럽게 쏘아붙였다.

스티브 잡스는 버림받은 직후 선택받았다. 이 두 가지 극단적인 상황이 그를 독특한 사람으로 만든 출발점이었다.

꼬마 작업대

잡스의 아버지 폴 잡스는 대금을 미납한 상품을 회수하는 리포맨으로 일하고 있었다. 대출금을 상환하지 않은 사람들의 자동차를 찾아 자물쇠를 따고 회수해 오는 일이었다. 해안경비대에서 기계공으로 일했던 폴은 그 자동차들의 일부를 매입한 뒤 고쳐 팔았다. 부업을 해야만 했던 폴은 늘 바빴다. 폴은 퇴근하자마자 차고에 틀어박혀 중고차를 수리했다. 차고 벽에는 그가 좋아하는 온갖 자동차 사진이 즐비했다.

그런 아버지 덕분에 잡스는 어린 시절부터 자동차와 가까워질 수 있었다. 폴은 어린 아들에게 선과 통풍구, 크롬합금, 좌석 장식 등 자동차 설계의 세부 사항들을 알기 쉽게 설명해 주곤 했다. 기계와 자동차에 대한 자신의 열정을 아들에게 물려주고 싶었던 것이다.

퇴근해서 집에 돌아온 폴은 작업복으로 갈아입은 뒤 아들을 불렀다. 작업용의 허름한 옷을 입은 잡스가 쪼르르 달려왔다. 작업용 옷을 입은 잡스 부자는 나란히 차고로 향했다. 매일 저녁의 일상적인 풍경이었다.

어느 날, 폴이 차고 안에 있는 작업대에 주욱 금을 그었다.

"자, 스티브. 오늘부터 여기가 너의 작업대다."

자기 작업대라는 말에 잡스가 눈을 빛냈다. 잡스는 뭐든 자기 손으로 하는 걸 좋아하는 독립적인 아이였다. 폴은 그런 아들을 자랑스럽게 여겼다.

폴이 작업대 위에 두툼한 나무판을 올려놓고는 치수를 재서 자르기 시작했다.

"이것도 자동차에 쓸 거예요?"

"아니다. 이걸로 울타리를 만들 거야."

폴은 자동차만 잘 고치는 게 아니었다. 집에서 쓰는 가구며 울타리며 무엇이든 못 만드는 게 없었다. 폴이 나무를 자르고 대패로 밀고 사포질을 하는 동안 잡스는 자잘한 심부름을 하면서 내내 아버지 곁에 붙어 있었다. 폴은 금방 잘 다듬은 나무에 페인트칠을 하기 시작했다. 아버지가 일하는 모습을 유심히 살피던 잡스가 무슨 생각이 났는지 눈을 반짝이며 말했다.

“아빠, 이 평평한 쪽은 땅에 박힐 거지요?”

“그래.”

“그럼 그쪽은 페인트칠을 안 해도 되잖아요. 어차피 땅에 박힐 건데.”

폴이 싱긋 웃으며 크고 두툼한 손으로 아들의 머리를 아프지 않게 콩 쥐어박았다.

“녀석, 잔머리를 쓰는구나. 그러면 일이 편하겠지. 하지만 일은 그렇게 하는 게 아니란다. 처음부터 끝까지 완벽해야 하는 거야. 아래니까 보이지 않는다고 칠을 하지 않으면 어떻게 되겠니? 땅에 박힌 부분에 습기가 스며들어 금방 썩겠지? 보이지 않는 곳일수록 더 신경을 써서 마무리를 해야 하는 거야.”

폴은 땅에 박힐 부분에 방수 페인트를 세 차례나 꼼꼼히 발랐다.

“봤지? 일은 이렇게 제대로 해야 하는 거란다. 마무리까지 철저하게 하지 않을 거면 아예 시작하지 않는 게 나아.”

잡스가 알아들었다는 듯 고개를 끄덕였다. ‘보이지 않는 것까지 철저하게’. 그는 아버지에게 배운 이 원칙을 평생 철저하게 지켰다.

잡스 부자는 나무 울타리를 들고 마당으로 나갔다. 폴은 아들에게 작은 망치를 건넸다.

“너도 해 보겠니?”

잡스가 냉큼 망치를 받아 들었다. 그는 아버지가 일하는 모습을 잠깐 지켜보더니 이내 제법 망치질을 하기 시작했다. 잡스 부자가 두들기는 경쾌한 망치 소리가 조용한 주택가에 울려 퍼졌다.

잡스가 아버지처럼 자동차를 좋아한 건 아니었다. 다만 아버지와 함께하는 친밀한 시간이 즐거웠던 것뿐이었다. 폴도 이내 그 사실을 깨달았다. 잡스는 자동차의 후드 아래 고개를 들이밀고 자동차 부품을 만지작거리는 일을 즐기지 않았고, 손에 기름 묻히는 일도 좋아하지 않았다. 무엇보다 기계에 대한 관심이 크지 않았다. 잡스가 자라면서 아버지와 차고에 가는 일이 점차 줄어들었다. 그러나 주말에 부품을 사러 갈 때만큼은 반드시 아버지를 따라나섰다. 잡스는 온갖 부품들로 가득한 가게 안을 신이 나서 쏘다녔다. 거기에는 발전기며 기화기며 없는 게 없었다.

폴은 흥정의 대가였다. 어린 아들이 가게 안을 헤집고 다니는 동안 계산대 앞에 턱 버티고 서서 폴은 자기가 원하는 가격이 나올 때까지 물러서지 않았다.

"에이, 여보쇼. 하루 이틀 장사하나. 그 베어링은 남아돌아서 쓰레기로 버려야 될 지경인데 바보면 모를까 누가 그 돈에 사겠소?"

잡스는 부품을 구경하는 중간 중간 계산대 쪽을 흘깃거리며 흥정이 어떻게 되어 가는지 살피곤 했다. 언제나 아버지의 승리였다. 폴은 부품의 가치를 일하는 사람보다 더 정확히 알고 있었기 때문에 판매하는 사람도 어쩔 도리가 없었다. 폴의 입가에 만족한 미소가 떠오르면 됐다는 신호였다.

폴은 낮에는 리포맨으로 일하고, 밤에는 매일 자동차를 고쳤다. 포드 팰컨 같은 굴러가지도 않는 고물차를 50달러에 사들여 몇 주간 수리한 다음 250달러에 되파는 식이었다. 그렇게 번 돈을 폴은 차곡차곡 모았다. 아들의 친어머니에게 했던 약속을 지키기 위해서였다. 퇴근 후 잠자리에 들기 전까지 일분일초를 아껴 가며 열심히 일했지만 알코올중독자인 농부 아버지 밑에서 태어나 고등학교조차 마치지 못한 폴이 자식들을 남부럽지 않게 가르칠 만큼 돈을 모으기란 쉽지 않았다. 그래도 폴은 아들의 친어머니에게 했던 약속을 꼭 지키고 싶었다. 아니 그 약속이 아니더라도 자기 자식들만큼은 제대로 교육시키고 싶었다.

어느 날, 퇴근 시간이 지났는데도 폴이 집에 돌아오지 않았다. 저녁이면 늘 차고에서 자동차를 고치며 아들과 시간을 보내던 아버지였다. 잡스는 창밖을 바라보며 목을 빼고 아버지를 기다렸다. 폴은 밤늦게야 돌아왔다. 술 냄새도 풍기지 않는데 술을 마셨을 때보다 더 피곤에 지친 모습이었다.

"아빠, 왜 이렇게 늦었어요?"

"응. 아빠가 공부를 시작했단다."

"공부? 무슨 공부요?"

"부동산 중개인 자격증을 따기 위한 공부지."

곰곰 생각에 잠겼던 잡스의 얼굴이 환하게 밝아졌다.

"그럼 아빠도 앞집 아저씨처럼 돈 많이 버는 거예요?"

"자격시험에 붙는다면 그럴 거야."

앞집 남자는 부동산 중개인으로 돈을 잘 벌었다. 그걸 보고 폴은 부동산 중개인이 되어 보기로 결심한 것이다. 잡스는 곧 부자가 될 거라는 생각에 번지는 웃음을 참지 못했다.

며칠 뒤, 혼자 차고에서 어슬렁거리던 잡스는 우연히 상자 하나를 발견했다. 얼마나 오래됐는지 상자 뚜껑에 보얀 먼지가 한 두께나 쌓여 있었다. 잡스는 훅, 숨을 내뱉었다. 묵은 먼지가 매캐하게 피어올랐다. 상자 속에는 처음 보는 장난감이나 아버지의 일기 같은 흥미진진한 물건들이 잔뜩 들어 있었다. 그중 낯선 남자의 사진 한 장이 잡스의 시선을 잡아끌었다. 사진 속의 남자는 배의 엔진실에서 웃통을 벗은 채 사진기를 응시하고 있었다. 날카로운 눈매며 건장한 몸이 마치 영화배우 같았다. 가만 보니 그 남자는 바로 아버지였다.

"우와!"

잡스는 자기도 모르게 탄성을 내질렀다. 배불뚝이 아버지에게 이렇게 빛나는 청춘 시절이 있었다니. 여덟 살의 잡스는 사진 속의 젊은 아버지에게 매혹당하고 말았다. 그러면서 왠지 가슴 한편이 서늘해졌다. 그가 자라는 만큼 아버지는 늙어 가고 있는 것이다.

장난의 천재

이른 아침, 몬타로마 초등학교의 건물로 검은 그림자 둘이 숨어 들었다. 아침의 싱그러운 햇볕이 창문으로 쏟아져 들어오는 복도는 등교 직전의 고요에 잠겨 있었다. 두 아이가 발소리를 죽인 채 3학년의 한 교실을 향했다. 다행히 등교한 아이는 한 명도 없었다. 두 아이는 담임 선생의 의자로 다가갔다.

"릭, 방석을 들고 있어."

릭이 담임 선생의 방석을 가만히 들어올렸다. 다른 아이, 잡스가 그 아래에 폭음탄을 설치했다. 폭음탄 위에 다시 방석을 얹은 릭과 잡스는 서둘러 교실 밖으로 나갔다. 두 아이가 교실로 다시 돌아온 것은 다른 아이들 대부분이 등교한 후였다. 수업 시작종이 울리고 담임인 셔먼 부인이 나타났다. 연로한 셔먼 부인이 방석이 깔린 의자에 앉았다. 순간 릭과 잡스가 눈길을 교환했다. 둘 다 간신히 웃음을 참고 있었다. 셔먼 부인이 출석을 확인하기 위해 몸을 일으킨 찰나, 펑 하고 폭음탄이 터졌다. 놀란 셔먼 부인은 경기를 일으키며 쓰러졌다. 엄청난 소리에 다른 선생들이 잡스의 교실로 달려왔다. 셔먼 부인은 다친 데는 없었지만 어찌나 놀랐는지 부들부들 떨리는 몸을 진정하지 못했다.

"스, 스……티브! 리이익!"

셔먼 부인이 몸을 떨면서 잡스와 릭을 노려보았다. 묻지 않아도 이런 장난을 칠 사람은 전교에서 그 둘뿐이었던 것이다. 두 아이는 귀가 조치를 당했다.

집에 돌아온 잡스는 학교에서 있었던 일을 부모님께 사실 대로 말했다. 아버지는 신문을 읽으면서 담담하게 물었다.

"그래 선생님은 괜찮으시니?"

"예. 다치지는 않으셨어요. 그런데 놀라긴 하셨나 봐요. 계속 몸을 떠시더라고요."

잡스는 벌벌 떨던 선생님의 모습이 다시 떠올라 픽, 웃음을 터뜨렸다.

"심장이 약한 분이셨으면 어쩔 뻔했니? 앞으로 너무 심한 장난은 조심하는 게 좋겠다."

아버지가 여전히 신문에 시선을 둔 채 말했다. 그뿐이었다. 어떤 장난을 쳐도 아버지는 잡스를 나무라지 않았다. 공부를 하지 않는 것 역시 문제 삼지 않았다.

다음 날, 폴은 교장실로 찾아갔다. 담임 선생을 비롯해 여러 명의 선생들이 기다리고 있었다. 교장이 단호하게 말했다.

"계속 이런 식이면 학교에서도 어쩔 수가 없습니다. 한두 번도 아니고."

잡스는 3학년 들어서만 벌써 두 번째 귀가 조치를 당했다. 모두 장난 때문이었다. 잡스는 몬타로마 초등학교에서 최고의 장난꾸러기였다. 언젠가 잡스는 '애완동물 데리고 등교하는 날'이라고 쓴 작은 포스터를 만들어 학교 게시판에 붙였다. 선생들은 미처 그 포스터를 보지 못했다.

다음 날, 몬타로마 초등학교는 한바탕 난리를 치렀다. 교실마다 개들이 고양이를 쫓아다니고, 개들끼리 으르렁거리며 싸워 대고, 고양이와 개들이 사방에 똥을 싸고, 덕분에 몬타로마 초등학교의 교사들은 온종일 동물들의 뒤를 쫓아다녀야 했다.

한번은 아이들을 꼬드겨 자전거 자물쇠의 비밀번호를 알아낸 잡스와 릭이 쉬는 시간에 자물쇠를 전부 바꿔 놓은 통에 아무도 자전거를 타지 못한 적도 있었다. 그날 몬타로마 초등학교 학생들은 집에도 가지 못한 채 우왕좌왕 자기 자전거에 묶여진 자물쇠의 주인을 찾아다녔다. 상황은 밤이 늦어서야 정리되었다.

"부모님께서 잡스를 특별히 단속하셔야……."

"그게 무슨 말입니까? 우리 아이가 뭘 잘못했다는 겁니까?"

폴이 발끈하여 교장의 말을 잘랐다. 교장은 어이가 없다는 듯 폴을 멍하니 바라보았다.

"우리 아이 잘못이 아닙니다. 학생이 공부에 흥미를 갖지 못한다면 그건 선생님들 잘못이지요."

잡스는 학교가 따분해 죽을 지경이었다. 1학년 때부터 그랬다. 잡스는 어머니에게 글자를 배워 이미 책을 읽을 수 있었다. 그런데 학교에서는 다 아는 것만 가르쳤다. 따분해서 한눈을 파는 잡스에게 선생은 공부하라며 야단을 쳤다.

"다 아는 건데요."

억울했던 잡스가 선생에게 말대꾸를 했다. 선생은 시키는 대로 하라며 다시 잡스를 야단쳤다. 그때부터 그는 학교에 흥미를 잃었다. 학교 선생들이 무엇이든 금지하는 것도 잡스는 견딜 수 없었다. 학교 선생들은 이유도 설명하지 않고 조용히 하라거나, 무엇을 하라거나, 하지 말라고 명령하듯 말했다. 잡스는 그런 권위를 인정할 수 없었다. 잡스는 공부에 담을 쌓은 채 장난질로 따분한 학교생활을 견디는 중이었다.

"아시겠지만 스티브는 영리한 아이입니다. 그런 아이가 공부를 싫어하는 것은 바보 같은 내용만 달달 외우게 하는 학교 교육 때문입니다. 학교가 따분하니까 장난이나 치는 거지요. 그렇지 않은가요?"

선생들 모두 잡스가 보통 아이가 아니라는 것은 알고 있었다. 그러나 아무리 뛰어난 아이라고 해도 선생 말을 무시하고 공부는 뒷전인 채 장난만 치는 잡스를 어떤 선생도 달가워하지 않았다.

"우리 스티브에게는 엄격한 훈육이 필요한 게 아니라 자극이 필요합니다. 적절한 자극만 있다면 누구보다 똑똑하고 열성적인 아이가 될 겁니다."

선생들의 대답도 듣지 않은 채 폴은 교장실을 나갔다. 남은 선생들은 한숨을 내쉬었다.

"어떻게 했으면 좋겠습니까?"

교장이 물었지만 아무도 대답하지 않았다. 곰곰 생각에 잠겼던 교장이 자기 무릎을 툭 쳤다.

"일단 두 아이를 떨어뜨려 놓읍시다. 같이 있지 않으면 아무래도 좀 낫겠지요."

선생들 모두 한숨을 내쉬며 고개를 끄덕였다.

뇌물 주는 교사

4학년이 되었다. 잡스의 담임은 이모진 힐이라는 여성이었다. 테디라는 별명으로 통했던 그녀는 전교에 소문난 말썽쟁이 잡스를 유심히 살폈다. 그러던 어느 날, 테디가 잡스를 불렀다.

"스티브, 방과 후에 나에게 오겠니?"

말썽도 부리지 않았는데 대체 무슨 일이람. 릭과 다른 반이 되어 마음이 상해 있던 잡스는 시큰둥하게 선생을 찾아갔다. 테디는 야단을 치는 대신 수학 문제지를 건넸다. 이게 뭔가 싶은 스티브는 문제지와 선생을 번갈아 바라보았다. 테디가 싱긋 웃으며 말했다.

"스티브, 이 수학 문제를 다 풀면 5달러와 막대사탕을 상으로 주마."

잡스는 5달러라는 말에 혹해서 시험지를 휙 낚아챘다. 문제는 그리 어렵지 않았다. 잡스는 다음 날, 테디에게 시험지를 내밀었다. 테디는 약속한 대로 5달러와 막대사탕을 주었다. 그리고 또 다른 시험지를 책상 위에 올려놓았다.

"이번 것도 풀어 보겠니? 이번에도 5달러와 막대사탕이 상이란다."

잡스는 망설임 없이 책상 위에 놓인 시험지를 집어 들었다. 이렇게 테디는 잡스가 시험지를 풀 때마다 5달러와 사탕 또는 카메라를 조립하는 취미용 키트 등을 뇌물로 주었다. 몇 달이 지나자 뇌물은 더는 필요가 없었다. 시험지를 푸는 사이 공부의 재미를 느꼈던 것이다. 게다가 잡스는 처음으로 자신을 인정해 준 선생님을 기쁘게 해 주고 싶었다. 소문난 말썽쟁이 잡스는 테디 선생을 만나면서 학교 최고의 수재로 거듭났다. 아버지 폴의 말대로 잡스는 단순한 말썽꾼이 아니라 자극이 필요한 수재였던 것이다.

테디는 잡스가 영리할 뿐만 아니라 수단 또한 매우 좋다는 것을 알고 있었고, 그 점 또한 높이 평가했다. 4학년 하와이 데이였다. 그날 잡스의 반은 전원이 하와이언 셔츠를 입고 사진을 찍기로 했다. 그런데 잡스가 깜빡 잊고 하와이언 셔츠를 가져오지 않았다. 알록달록한 하와이언 셔츠는 급히 구할 데도 마땅치 않았다. 테디는 별 수 없다고 생각하고 모두 옷을 갈아입으라고 했다. 잠시 후 카메라를 들고 교실로 돌아온 테디는 깜짝 놀랐다. 옷을 가져오지 않았다던 잡스가 하와이언 셔츠를 입고 맨 앞줄에 서 있었던 것이다.

"스티브! 하와이언 셔츠를 대체 어디서 구한 거니?"

테디의 질문과 동시에 반 아이들이 웃음을 터뜨렸다. 영문을 알리 없는 테디가 멀뚱멀뚱 바라보자 잡스와 한 아이가 빙그르 돌아섰다. 두 아이 모두 셔츠 뒤판이 없었다. 그러고 보니 잡스의 옷에는 단추도 달려 있지 않았다. 한 아이의 옷 뒤판을 뜯어 목에 둘렀던 것이다. 물론 잡스의 아이디어였다.

잡스는 테디 선생의 반에서 처음으로 학교생활의 즐거움을 만끽하고 있었다. 그러나 잡스의 집안은 나날이 어려워졌다. 폴은 리포맨 일을 접고 부동산 중개인이 되었다. 열심히 공부한 결과 자격증을 따는 데 성공했던 것이다. 그러나 중개인이 된 직후 부동산 경기가 침체된 데다 결정적으로 폴은 세일즈맨에 어울리는 사람이 아니었다. 세일즈를 잘하려면 사람들 비위를 맞추는 게 우선이었다. 그러나 폴은 그런 일을 잘하지 못했고, 잘하려고 노력조차 하지 않았다. 사람에게 굽실거리고 친하지도 않은데 친한 척하는 것을 폴은 견디지 못했다. 그 때문에 경제적으로 몹시 힘들어져서 잡스의 어머니는 과학 기구를 만드는 회사에 경리 사원으로 취직했고, 집을 담보로 추가 대출까지 받아야 했다.

어느 날, 테디 선생이 잡스에게 물었다. 잡스가 절대 풀지 못할 거라고 생각했던 아주 어려운 수학 문제를 푼 날이었다.

"스티브, 네가 이 세상에 대해 이해하지 못하는 게 뭐니?"

선생의 질문이 떨어지자마자 잡스는 이렇게 대답했다.

"우리 아버지에게 왜 갑자기 돈이 떨어졌는지 이해가 안 돼요."

하지만 잡스는 비굴하지 않고 교활하지 못해서 돈을 잘 벌지 못하는 아버지를 존경했다. 잡스에게 돈보다 더 중요한 것은 당당한 태도였던 것이다. 결국 폴은 부동산 중개업을 그만두고 그가 가장 잘 아는 기계일로 돌아갔다. 기계일은 폴의 천직이었다. 늦은 나이에 밑바닥부터 다시 시작했지만 다른 사람들보다 승진이 빨랐고, 잡스 가족은 차츰 다시 안정을 찾아가기 시작했다.

잡스 인생 최고의 전성기였다. 나중에 잡스는 테디 선생을 '내 인생의 성자'라고 표현했다. 만일 4학년 때 테디 선생을 만나지 못했더라면 잡스는 공부에 재미를 붙이지 못했을 것이다. 엉뚱한 장난이나 하고 선생들에게 반항이나 하다가 감옥을 들락거렸을지 모른다. 테디는 잡스의 말대로 그의 인생을 구한 성자였다.

실리콘밸리의 아이들

마운틴뷰에는 실리콘밸리의 전자 회사에서 일하는 수많은 엔지니어들이 살고 있었다. 휴렛패커드(HP)처럼 이름만 들어도 알 만한 유명한 전자 회사에 다니는 엔지니어들이 잡스의 앞집, 뒷집, 옆집에 살았다. 한마디로 마운틴뷰는 실리콘밸리의 베드타운이었다.

실리콘밸리는 1938년 스탠퍼드 대학교를 졸업한 빌 휴렛과 데이브 패커드라는 두 젊은이가 허름한 차고를 빌려 휴렛패커드라는 이름으로 사업을 시작한 곳이다. 잡스가 열 살 무렵 HP의 직원은 9000명에 달했고, 모든 엔지니어들이 일하고 싶어 하는 블루칩 회사로 성장했다. 실리콘밸리의 성장에 결정적으로 기여한 것은 반도체였다. 이 공업 단지에 실리콘밸리라는 이름이 붙여진 것도 바로 반도체 산업 때문이었다.

잡스는 하루가 다르게 발전하는 실리콘밸리를 보며 성장했다. 마운틴뷰 사람들은 누구나 차고를 갖고 있었다. 잡스의 아버지가 차고에서 종일 차를 고치듯 마운틴뷰에 사는 엔지니어들은 차고에서 종일 무언가를 조립하며 시간을 보냈다. 나날이 발전하는 기술의 시대를 살던 엔지니어들은 기술에 대해 매우 개방적이었다. 그들은 누구에게든 기꺼이 자신들이 알고 있는 기술을 알려 줄 준비가 되어 있었다. 그래서 마운틴뷰의 차고는 모두에게 열려 있었다.

어린 잡스는 주말이면 이집 저집 차고를 기웃거리며 시간을 보냈다. 그중에서도 옆으로 일곱 집 건너에 살던 래리 랭 아저씨는 잡스의 전자공학 스승이었다. HP의 엔지니어였던 랭은 잡스에게 전자 부품을 이용하여 물건을 만드는 방법을 알려 주었다. 자동차에 별 관심이 없던 잡스는 전자 제품에 완전히 넋을 빼앗겼다.

한번은 랭이 마쿨라로폰을 보여 주었다.

"이건 앰프 없이도 작동하는 탄소 마쿨라로폰이란다."

랭의 말에 잡스가 아는 척을 하며 단호하게 고개를 저었다.

"그럴 리 없어요. 우리 아버지가 마쿨라로폰은 반드시 전자 앰프가 있어야 한댔어요."

아버지의 말은 잡스에게 하느님의 말과 같았다. 특히 기계에 관해서라면 아버지는 모르는 게 없었다. 잡스가 끝까지 믿으려 하지

않자 랭은 탄소 마쿨라로폰과 배터리, 스피커를 가지고 나와 진입
로에 놓았다. 그러고는 잡스에게 말했다.

"이 탄소 마쿨라에 말을 해 보렴."

잡스는 랭이 시키는 대로 마쿨라에 대고 말을 했다. 그러자 목소
리가 스피커를 거쳐 크게 울려 퍼졌다. 그 길로 잡스는 집을 향해
달렸다.

"아빠! 아빠!"

그날도 폴은 차고에서 자동차를 만지고 있었다.

"아빠가 틀렸어. 앰프가 없어도 작동되는 마쿨라로폰이 있어요."

"말도 안 되는 소리. 마쿨라로폰은 반드시 앰프가 있어야 한다
니까."

"아니에요. 내가 두 귀로 똑똑히 들었는걸요. 마쿨라로폰에 대고
말을 하니까 앰프 없이도 소리가 커졌다고요. 진짜예요."

그러나 폴은 단호하게 고개를 저었다.

"마쿨라로폰은 앰프 없이는 작동하지 않아. 뭔가 속임수를 썼을
거야. 너를 놀려 주려고."

잡스가 답답한 나머지 아버지의 소맷자락을 잡아끌었다.

"나랑 같이 랭 아저씨네 집에 가 봐요. 가서 직접 보셔야 해요."

기계에 대한 호기심에 있어서는 둘째가라면 서러워할 폴이었다.
폴은 작업복을 입은 채 어린 아들의 손에 끌려 이웃집으로 건너갔

다. 폴은 아들과 똑같이 실험을 했고, 아들보다 더 놀랐다.

"진짜네. 앰프 없이도 마쿨라로폰이 작동할 수가 있네."

사실임을 확인한 폴이 멋쩍게 머리를 긁적거렸다. 그 모습에 잡스는 충격을 받았다. 그때까지 아버지는 잡스의 우상이었다. 아버지는 많이 배운 사람도 아니었고 책을 많이 읽지도 않았지만 기계라면 모르는 게 없었고, 어떤 기계든 척척 고쳤다. 그런 아버지도 모르는 게 있다는 사실을 잡스는 그날 처음으로 깨달았다. 게다가 아버지는 탄소 마쿨라로폰의 작동 원리를 단번에 알아듣지 못했다. 잡스는 단번에 알아들었는데 말이다. 자신이 아버지보다 더 똑똑하다는 사실에 잡스는 큰 충격을 받았다. 동시에 죄책감이 들었다. 마치 자신이 아버지를 배신하기라도 한 것 같았다.

전자공학에 푹 빠진 잡스는 이웃집 엔지니어들의 차고를 순회하며 전자공학에 대한 지식을 스펀지처럼 흡수했다. 학교에서 잡스는 소문난 말썽꾼이었지만 마운틴뷰의 엔지니어들에게 잡스는 총명한 아이였다. 잡스의 부모도 그런 사실을 잘 알고 있었다.

자신이 부모보다 똑똑하다는 사실에 혼란스러워하는 잡스와 달리 부모는 기꺼이 행복하게 그 사실을 인정하고 받아들였다. 그리고 똑똑한 아들에게 합당한 교육을 시키기 위해 더 열심히 돈을 모았다.

"스티브, 너는 정말 대단한 아이야. 너는 반드시 뭔가 해낼 거야."

폴과 클라라는 늘 이렇게 말했다. 자신을 낳은 친부모는 아니지만 부모가 자신을 그 누구보다 높이 평가하고 자신을 교육시키기 위해 기꺼이 희생을 감수하고 있다는 사실을 잡스는 잘 알고 있었다. 그래서 잡스는 그 누구에게나 당당하게 "그들은 1000퍼센트 내 부모님입니다"라고 말할 수 있었던 것이다.

외톨이

4학년 말이 되자 테디 선생은 잡스에게 수학 능력 시험을 보게 했다. 결과는 놀라웠다. 잡스의 수학 능력은 고등학교 2학년 수준이었다. 폴이 선생들에게 큰소리쳤던 대로, 테디의 믿음대로, 잡스가 보통 아이가 아니란 게 만천하에 증명된 것이다. 학교에서는 잡스를 7학년으로 월반시키자고 했다. 잡스가 자극 받고 도전할 수 있는 좋은 기회였다. 학교 측의 제안을 받고 잡스의 부모는 오래 고민했다. 그리고 한 학년만 월반시키기로 마음먹었다. 공부만큼 친구들과의 관계도 중요하다는 생각 때문이었다.

이듬해 잡스는 6학년이 되었다. 6학년은 크리텐든 중학교로 옮겨서 다녀야 했다. 몬타로마 초등학교에서 불과 여덟 블록밖에 떨어져 있지 않았지만, 크리텐든 중학교는 다양한 인종의 갱단으로 가득한 가난한 동네에 자리 잡고 있었다. 잡스로서는 난생처음 경험하는 세계였다. 잡스가 입학할 무렵 한 무리의 학생들이 집단 성폭행으로 감옥에 갔고, 학교에는 잭나이프 같은 칼을 가지고 다니는 학생들이 부지기수였다. 몬타로마 초등학교의 소문난 장난꾸러기였던 잡스가 이곳에서는 온순한 편에 속했다.

동급생보다 한 살이나 어린 잡스는 걸핏하면 괴롭힘을 당했다. 공부에 자극을 주는 친구도 교사도 없었다. 월반한 천재 잡스는 외톨이 반항아로 변했다. 견디다 못한 잡스는 7학년 때 전학시켜 달라고 부모를 졸랐다. 당시 잡스 부부는 겨우 생계를 유지하는 정도였다. 잡스 또한 부모의 사정을 모르지 않았다. 그러나 이 학교를 다니기는 죽기보다 싫었다. 잡스는 부모에게 최후통첩을 했다.

"크리텐든에 계속 다녀야 한다면 학교를 그만두겠어요."

그날 밤 잡스 부부는 밤새 머리를 맞대고 의논했다. 아들을 중학교 중퇴자로 살게 할 수는 없다는 결론이었다. 폴은 제일 좋은 학교가 어딘지 물색했다. 그리고 마지막 잔돈까지 탈탈 털어 더 좋은 학군에 있는 집을 구했다.

새로 이사 간 곳은 남쪽으로 5킬로미터 정도 떨어진 공공 분양 주택 단지였다. 이 집은 실리콘밸리에서 가장 안전하고 우수한 학군에 속해 있었다. 쿠퍼티노 중학교로 전학을 했지만 잡스는 여전히 외톨이였다. 그 나이 친구들의 관심사는 주로 여자였고, 때로 몰려다니는 게 일이었다. 잡스는 그런 데 전혀 관심이 없었다. 잡스는 집에 틀어박혀 책을 읽고 저녁이면 이웃집들의 차고를 순례하며 전자공학 지식을 쌓았다.

잡스의 부모는 신앙심이 강한 사람들은 아니었다. 그래도 자식들이 하느님의 가르침을 따르기를 바랐다. 그래서 일요일이면 아이들을 데리고 교회에 가곤 했다. 어느 일요일, 잡스는『라이프』잡지를 들고 주일학교에 갔다. 그러고는 목사에게 엉뚱한 질문을 했다.

"목사님, 만약 제가 손가락을 하나 들어 올린다면 어느 손가락을 들어 올릴지 하느님은 아실까요?"

"그렇단다. 하느님은 모든 걸 다 알고 계신단다."

그러자 잡스는 들고 있던『라이프』를 목사에게 내밀었다. 표지에 굶주린 아프리카 어린이들의 끔찍한 사진이 실려 있었다.

"그럼 하느님은 이것에 대해서도 아시겠네요? 이 아이들에게 일어난 일에 대해서도요?"

"스티브, 지금 당장은 이해하기 어려울 게다. 하지만 하느님은 그것도 모두 알고 계신다."

"하느님이 알면서도 이런 끔찍한 일이 일어나게 만드시는 분이시라면 저는 더는 그런 분을 숭배하는 일에 관심을 갖지 않겠어요."

　그날 이후 잡스는 부모의 권유에도 불구하고 절대 교회에 나가지 않았다. 하지만 잡스가 종교 자체를 혐오한 것은 아니었다. 훗날 잡스는 선불교의 가르침을 공부하고 실천하기도 했다. 다만 잡스는 예수처럼 실천하는 삶을 강조하기보다는 신앙 그 자체만 강조하는 교회의 태도를 받아들이지 못했을 뿐이었다.

　잡스의 부모는 아들이 친구도 없이 홀로 방에 틀어박혀 있거나 성적이 떨어져도 별로 나무라지 않았다. 걱정도 하지 않았다. 자신들의 아이가 스스로 원하면 언제든 다시 천재성을 발휘할 것이라는 믿음이 있었기 때문이다.

　어느 여름, 폴은 아들을 데리고 위스콘신에 있는 낙농장을 방문했다. 그곳에서 잡스는 송아지가 태어나는 장면을 목격했다. 어미소의 엉덩이에서 태막에 쌓인 덩어리 같은 게 툭 떨어졌다. 어미소가 그것을 핥자 드디어 송아지가 모습을 드러냈다. 생명의 탄생을 처음 본 잡스는 넋을 잃은 채 그 모습을 바라보았다. 잠시 후 송아지가 일어서려고 안간힘을 썼다. 태어난 지 불과 5분도 지나지 않아서였다. 두어 번 비틀거리던 송아지는 이내 똑바로 걸어서 어미 곁으로 다가가 젖을 빨기 시작했다.

　"아버지! 보셨어요? 송아지가 걸어요."

　흥분한 잡스가 소리쳤다.

　"그래. 동물들은 인간과 달리 태어나자마자 걷는단다."

아버지는 너무나 당연하다는 듯 말했다. 물론 잡스도 그런 사실을 알고 있었다. 그러나 잡스는 망치로 머리를 얻어맞은 듯했다. 송아지는 걷는 법을 배워서 걸은 게 아니었다. 마치 몸과 뇌에 즉시 협력할 수 있는 무언가가 설계되어 있는 것 같았다. 하드웨어에 이미 내장되어 있다고 할까.

잡스는 그 순간 컴퓨터를 떠올렸다. 지난해 잡스는 아버지를 따라 NASA 에임스 연구소에 간 적이 있었다. 그곳에서 잡스는 컴퓨터 단말기라는 것을 처음으로 보았다. 잡스가 본 것은 단말기로 화면과 입력장치만 있는 단순한 장치였다. 다른 곳에 진짜 컴퓨터가 있다는 것조차 알지 못했는데도 잡스는 복잡한 계산을 순식간에 해내는 단말기에 완전히 매료되었다. 무엇인지 정확하지는 않았지만 에임스 연구소에서 본 컴퓨터와 저절로 걷는 갓 태어난 송아지가 잡스의 마음속에서 격렬한 소용돌이를 일으키고 있었다. 그 시절 잡스는 외톨이에 문제아였다. 그러나 그가 세월을 헛되이 보내고 있는 것은 아니었다. 실리콘밸리라는 최첨단의 환경 속에서 잡스는 안개를 헤치며 한 발 한 발 내딛고 있는 중이었다.

나를 찾아서

HP 탐구자 클럽

9학년이 되면서 잡스는 홈스테드 고등학교에 진학했다. 학교에서 잡스는 여전히 외톨이 괴짜였다. 그러나 친구가 없는 것은 아니었다. 잡스는 방과 후나 주말이면 예전에 살던 마운틴뷰를 찾아갔다. 그곳에 사는 엔지니어 래리 랭이 잡스의 친구였고, 랭의 차고가 외톨이 잡스의 천국이었다. 그곳에서 잡스는 햄 라디오 등의 전자기기를 만드는 조립 세트인 히스 키트를 만났다. 히스 키트에는 보드와 부품들이 알아보기 쉽게 색칠이 되어 있었고 매뉴얼이 따로 있었다. 잡스는 매뉴얼을 읽으며 기기의 작동 원리를 혼자 깨쳤다. 그리고 혼자서 라디오를 두어 개 만들었다. 잡스는 카탈로그에서 텔레비전 세트를 보았다. 돈만 있다면 혼자서 충분히 만들 자신이 있었다. 그런 자신감은 어릴 때부터 보아 온 아버지와 히스 키트를 접한 결과였다. 어떤 새로운 것이라도 잡스는 만들어 낼 수 있을 것 같았다.

어느 날, 랭이 물었다.

"다음 주 화요일에 우리 회사로 올 수 있겠니?"

"네. 그런데 왜요?"

랭이 큰 비밀이라도 있는 것처럼 한쪽 눈을 찡긋거렸다.

"글쎄, 무슨 일인지는 와서 보렴."

화요일 저녁, 아버지가 잡스를 HP까지 데려다 주었다. 잡스는 랭이 말했던 구내식당으로 갔다. 잡스 또래의 학생들 10여 명이 웅성거리고 있었다. HP 엔지니어들이 도움을 주고 있는 탐구자 클럽이었다.

어느 날, 잡스는 레이저 엔지니어에게 실험실을 구경시켜 달라고 졸랐다. 끈질긴 설득에 엔지니어는 결국 잡스를 실험실로 데려갔다. 그곳에서 잡스는 당시 HP가 개발 중이던 컴퓨터를 만났다. 그것이 잡스가 처음으로 본 데스크톱 컴퓨터였다. 실제로 최초의 데스크톱이기도 했다. 지금과 달리 20킬로그램 정도 되는 거대한 몸집이었지만 데스크톱을 처음 만나는 순간 잡스는 전율을 느꼈다. 9100A라고 불렸던 그 데스크톱은 실제로 계산기 정도에 지나지 않았다. 그러나 잡스는 거기에서 무한한 미래를 보았다.

어느 날, 한 엔지니어가 각자 프로젝트를 진행해 보면 어떻겠냐
는 제안을 했다. 아이들은 일순간 흥분에 휩싸였다. 잡스도 예외는
아니었다. 고민 끝에 잡스는 전자신호 펄스를 초 단위로 측정하는
주파수 계수기를 만들기로 했다. 그러려면 HP에서 만드는 부품 몇
개가 필요했다. 고작 고등학생일 뿐인 잡스가 그런 부품을 구하기
란 쉽지 않았다. 엔지니어들도 그런 부품까지 구해 주지는 않았다.
보통의 아이라면 그쯤에서 포기했을 것이다. 그러나 잡스는 전화
번호부를 뒤지더니 어딘가로 전화를 걸었다.

"여보세요?"

전화를 받은 것은 중년의 남자였다.

"안녕하세요? 저는 스티브 잡스라고 하는데요. 제가 주파수 계
수기를 만들고 있는데 HP의 부품이 필요합니다."

잠시 후 상대편이 물었다.

"학생인가?"

"네, 그렇습니다."

"학생은 내가 누군지 아나?"

"예, 알고 있습니다. 전화번호부에서 빌 휴렛 씨의 이름을 찾았
는걸요."

잡스가 전화한 사람은 바로 HP의 창업자 빌 휴렛이었다. 당시
빌 휴렛은 『포춘』에서 선정한 500대 기업에 속한 최첨단 전자 회

사의 사장이었다. 열세 살의 잡스는 가장 유명한 벤처기업의 사장과 사소한 부품에 대해 20분 넘게 대화를 나눴다. 빌 휴렛은 이 당돌한 학생이 마음에 들었다.

"좋아. 자네가 필요로 하는 부품을 보내 주지."

"감사합니다!"

"자네 말이야, 주파수 계수기를 만드는 우리 공장에서 일해 볼 생각은 없나? 자네가 원하는 것을 실컷 볼 수 있을 텐데 말이야."

그해 여름방학, 잡스는 HP의 주파수 계수기 공장에서 아르바이트를 했다. 폴이 아침이면 잡스를 공장에 데려다 주고 저녁에는 데리러 왔다. 잡스가 맡은 일은 단순했다. 조립 라인에서 제품에 볼트와 너트를 끼우는 일이었다. 그러나 최첨단 전자 공장에서 일을 하게 된 잡스는 신바람이 났다.

"이 제품 너무 좋아요. 너무 좋아요."

잡스는 신에 겨워 때마침 지나가는 관리자 앞에서 떠들어 댔다. 관리자가 묘한 눈길로 잡스를 쳐다보았다.

"아저씨는 세상에서 제일 좋은 게 뭐예요?"

최첨단 전자 공장에서 일하는 사람이라면 자신처럼 전자 제품을 제일 좋아할 거라고 잡스는 생각했다. 그러나 그 관리자는 고민조차 해 보지 않고 곧장 대답했다.

"나? 여자랑 자는 거."

관리자는 고작 볼트 너트나 끼우면서 좋아 어쩔 줄 모르는 고등학생을 이상하다는 듯 아래위로 훑고는 지나가 버렸다. 자기 공장에서 만드는 제품에 대한 열정도 없는 관리자 또한 잡스의 관심 밖이었다.

잡스는 관리자나 노동자들이 아니라 위층에서 일하는 엔지니어들의 사랑을 듬뿍 받았다. 아침 10시가 되면 그들은 잡스를 불러 도넛과 커피를 주었다. 도넛과 커피를 마시며 잡스는 엔지니어들이 주고받는 대화에 넋이 팔렸다. 때로는 도넛 먹는 것도 잊어버린 채 자신이 엔지니어라도 된 양 어른들의 대화에 끼어들기도 했다.

잡스는 공부보다 일하는 것을 더 좋아했다. 매일 신문 배달을 했고, 주말과 방학에는 할테크라는 전자기기 상점에서 재고품을 정리하는 직원으로 일했다. 전자기기 상점은 잡스에게 일터라기보다 천국에 가까웠다. 이곳에는 없는 것이 없었다. 해변과 맞닿아 있는 뒤쪽 마당에는 분해되어 폐품으로 팔린 나머지가 버려져 있었다. 전자 제품 쓰레기더미는 마치 거대한 잠수함의 내부 같았다. 남들에게는 쓰레기더미에 불과한 이곳에서 잡스는 쓸 만한 것들을 찾아냈다. 제어장치와 버튼, 스위치와 밸브. 잡스는 도시 전체를 날려버릴 듯 우람한 기계들 사이를 날다람쥐처럼 헤집고 다녔다.

잡스의 관심을 끈 것은 기계만이 아니었다. 할테크의 나무 카운터는 스위치나 저항기, 혹은 최신 메모리칩을 구하려는 사람들로

북적거렸고, 그들은 바인더로 묶인 두꺼운 카탈로그를 뒤지면서 흥정을 했다. 자동차 부품에 밝았던 아버지처럼 잡스는 전자기기 부품에 밝았다. 잡스는 전자 제품의 부품에 대해 공부하면서 그것들의 가치를 익혔고, 그것을 토대로 협상하는 법을 배웠다.

잡스는 돈을 버는 데 일가견이 있었다. 물론 아버지에게 배운 것이었다. 아버지가 낡은 차를 고쳐 되팔았듯 잡스는 전자 제품 벼룩시장을 찾아다니며 귀한 칩이나 부품이 내장된 중고 회로 기판을 구한 다음 그것을 할테크의 매니저에게 팔았다. 그렇게 고등학생 잡스는 세상을 움직이는 이치를 배워 가고 있었다.

동업자와의 만남

잡스가 사는 로스앨터스에는 전기 기술자들이 모여 살았다. 우주 개발 경쟁에 나선 NASA 덕분에 이 지역은 달 착륙에 필요한 부품을 제조하는 전자 회사들로 활기를 띠고 있었다. 전에 살던 마운틴뷰처럼 이 마을에도 집집마다 차고가 있었고, 차고에는 예비 부품이나 못 쓰게 된 장치들이 넘쳐났다. 엔지니어들답게 차고는 늘 개방되어 있었다. 동네 차고는 언제든 찾아가 마음대로 전자 장치를 분해하고 조립할 수 있는 잡스의 놀이터였다.

잡스는 이웃집에 사는 빌 페르난데스와 친했다. 페르난데스 역시 잡스처럼 전자공학광이었다. 마을 아이들 대부분이 그렇기는 했다.

어느 날, 페르난데스가 물었다.

"스티브, 너 워즈 형이라고 아니?"

페르난데스가 말한 워즈는 스티브 워즈니악으로 당시 콜로라도 대학의 신입생이었다. 잡스보다 다섯 살이 더 많은 워즈는 잡스의 고등학교 선배이기도 했다. 워즈의 아버지는 캘리포니아 공과 대학 출신의 명석한 엔지니어였다. 그는 대학을 졸업한 후 록히드에 입사해서 미사일 유도 시스템을 고안하는 작업을 했다. 그런 아버지 밑에서 자란 워즈는 어릴 때부터 꼬마 전자공학도로 이름을 날렸다. 잡스가 탄소 마쿨라로폰에 감동하던 시절 워즈는 트랜지스터를 이용해 동네 친구들 여섯 명의 침실을 연결하는 인터컴 시스템을 만들어 냈다. 전자공학에 관한 한 잡스는 워즈의 상대가 될 수 없었다.

"내가 워즈 형한테 네 얘기를 했는데 한번 가 보지 않을래? 그 형 이름도 스티브야. 또 다른 스티브를 데려온다니까 형이 좋아하던데?"

새로운 사람을 만나는 게 잡스는 별로 내키지 않았다. 그러나 페르난데스의 다음 말에 귀가 솔깃해졌다.

"그 형이 요즘 우리 차고에서 컴퓨터를 만들고 있어. 구경 갈래?"

컴퓨터를 만든다는 말에 잡스의 눈빛이 반짝 빛났다. 그 길로 잡스는 페르난데스를 따라나섰다.

잡스와 워즈는 만나자마자 사랑에 빠진 청춘남녀처럼 시간 가는 줄 모르고 페르난데스 집 앞의 인도에 주저앉아 이야기를 나눴다. 서로가 저지른 장난질이나 전자공학 설계에 관한 이야기였다. 두 사람은 다섯 살이라는 나이 차이에도 불구하고 금세 가까워졌다.

두 사람에게는 공통점이 많았다. 둘 다 외톨이였고, 장난을 좋아했으며, 여자나 스포츠에 관심이 없는 대신 전자공학에 관심이 많았다. 차이가 있다면 워즈는 컴퓨터와 전자공학에만 몰두했지만, 잡스는 자기 자신에게도 관심이 많다는 정도였다. 어쨌든 워즈에게는 기술이 있었고, 잡스에게는 배짱과 추진력이 있었다. 두 사람의 만남은 HP의 빌 휴렛이 데이브 패커드의 집에 들어간 지 32년 만에 실리콘밸리 역사상 가장 의미심장한 만남이었다.

잡스는 홈스테드 고등학교에서 뮤직 라이트 쇼나 장난질을 기획하는 클럽을 운영하고 있었다. 이른바 벅 프라이 클럽으로, 교장의 이름을 따온 것이었다. 워즈는 졸업생이었음에도 즐겁게 잡스의 장난질에 가담했다. 그 무렵 워즈는 휴대용 텔레비전 전파 송신기를 만들었다. 잡스 일당은 이 송신기를 학교 기숙사의 텔레비전 시청실에 가져갔다. 그러고는 사람들이 한창 텔레비전을 보고 있을 때 몰래 버튼을 눌러 잡음과 함께 화면이 지직거리게 만들었다. 누군가 일어나 텔레비전 수상기를 때리면 다시 버튼을 놓아 화면이 돌아오게 하는 식으로 골탕을 먹이는 것이다. 장난질은 점점 심해졌다. 어느 때는 누군가 안테나를 잡고 한 발을 들거나 다른 손으로 텔레비전 수상기를 짚어야 화면을 정상으로 만들었다. 워즈와 잡스는 자기들 마음대로 학생들이 기묘한 동작을 취하도록 만들면서 낄낄거리곤 했다.

잡스는 초등학생 때처럼 장난꾼으로 유명해졌고, 마침내 학교에서 정학 처분을 받았다. 그러나 잡스는 그런 것에 전혀 연연하지 않았다.

고집과 추진력

잡스는 열다섯 살 때 생애 첫 차를 가졌다. 폴이 MG 엔진을 달아 준 두 가지 색의 내시 메트로폴리탄이었다. 잡스는 아버지가 사 준 이 차가 별로 마음에 들지 않았다. 여러 가지 아르바이트로 돈을 모은 잡스는 이듬해 빨간색 피아트를 구입했다. 직접 땀 흘려 일한 돈으로 산 것이었다.

폴은 시간이 나면 잡스의 차를 점검하곤 했다. 어느 날, 잡스의 차를 손보러 나갔던 아버지가 굳은 얼굴로 돌아왔다. 순간 잡스는 아차 싶었다.

"스티브, 이게 뭐냐?"

폴의 손에 들려 있는 것은 마리화나였다. 잠시 고민하던 잡스는 당당하게 대답했다.

"마리화나입니다."

설마 했던 폴의 얼굴에 노여움이 드러났다. 난생처음 보는 모습이었다. 폴은 알코올중독자인 아버지에게 걸핏하면 맞고 자랐다. 아픈 기억 때문에 그는 절대 아들을 때리지 않았다. 화도 잘 내지 않았다. 그러나 마리화나는 조용히 넘어갈 문제가 아니었다.

"이걸 네가 피웠단 말이냐?"

이번에도 잡스는 망설이지 않았다.

"예."

잡스는 사춘기에 접어든 소년답게 자신의 여러 가지 모습을 찾아가는 중이었다. 실리콘밸리의 여느 아이들처럼 잡스는 전자공학에 매료당해 있었지만 그 외에도 그의 관심을 끄는 것들이 많았다. 잡스는 밥 딜런의 음악도 좋아했고 셰익스피어의 작품도 좋아했다. 그중 특히 좋아한 건 『리어왕』이었다. 잡스는 의지가 강하고 추진력이 강한 주인공들이 등장하는 작품에 끌렸다. 자신과 비슷해서였을지 모른다.

그즈음 잡스는 예술과 과학의 경계에서 혼란을 겪고 있었다. 마리화나도 그중 하나였다. 잡스는 자신을 찾아가는 여정에서의 이런저런 혼란을 아버지에게 숨기고 싶지 않았다. 그러나 폴은 결코 인정하려 하지 않았다. 그에게 마리화나는 절대 해서는 안 될 마약일 뿐이었다. 그동안 잡스의 어떤 장난에도 관대했던 폴이었다. 그러나 폴도 이번에는 양보하지 않았다. 아들이 마약 때문에 남은 인생을 망가뜨리는 꼴을 두고 볼 수는 없었다. 그날 잡스와 폴은 처음으로 언성을 높이며 싸웠다.

"좋다. 지난 일은 묻지 않을 테니 앞으로 다시는 피지 않겠다고 약속만 해 다오."

잡스는 끝내 약속하지 않았다.

"이런 고집불통 같으니라고!"

폴이 아무리 야단을 쳐도 달라지지 않았다. 결국 이번에도 잡스는 아버지를 이겼다. 잡스의 고집을 꺾을 사람은 아무도 없었다.

당시 홈스테드 고등학교에는 존 맥콜럼이라는 유명한 선생이 있었다. 해군 조종사 출신인 맥콜럼은 전자공학 이론을 이해하기 쉽게 설명하는 능력이 있었다. 그의 수업은 학생들 사이에서 엄청난 인기를 끌었고 실리콘밸리의 전설이 되었다. 맥콜럼은 교내 구석의 주차장 옆에 있는 창고에서 주로 수업을 진행했다. 그 창고에는 그가 구해 놓은 트랜지스터 등의 부품들이 가득 쌓여 있었다. 맥콜럼은 자신을 잘 따르는 학생들에게만 이 창고의 열쇠를 빌려 주었다. 가장 좋아하는 과목이었음에도 잡스는 맥콜럼 선생의 총애를 받지 못했다.

맥콜럼은 군인 출신이라 군대식 규율을 중시하고 권위에 대한 존중을 중요하게 생각하는 사람이었다. 잡스가 그런 선생에게 복종했을 리 없었다. 복종은커녕 권위에 대한 반감을 감추려 하지 않았다.

하루는 잡스가 학교에서는 구할 수 없는 부품이 필요했다. 맥콜럼 선생도 그 부품을 갖고 있지 않았다. 며칠 뒤, 맥콜럼은 잡스가 그 부품을 갖고 있는 것을 발견했다. 구하기 어려운 물건이라 어떻게 구한 것인지 궁금하기도 하고 기특하기도 했다.

"스티브, 그 부품을 어떻게 구했니?"

잡스가 자랑스럽게 대답했다.

"디트로이트의 버로스 사에 수신자 부담으로 전화를 걸어서 제가 새로운 부품을 설계하고 있는데 거기에 해당 부품을 시험해 보고 싶다고 말했죠. 그랬더니 바로 항공 화물로 부쳐 주던데요."

맥콜럼은 잡스의 말에 기분이 상했다.

"네 필요 때문에 전화를 하면서 수신자 부담으로 했단 말이냐? 게다가 새로운 부품을 설계한다는 거짓말까지 하다니!"

선생의 훈계에도 잡스는 반성하는 기미조차 보이지 않았다.

"어떤 일이든 거짓말을 해서는 안 돼!"

기분이 상한 듯 얼굴을 구기고 있던 잡스가 그 말을 맞받아쳤다.

"전화할 돈이 없는 걸 어떡해요? 그 사람들은 돈이 넘쳐나잖아요."

천연덕스러운 잡스의 말에 맥콜럼은 할 말을 잃었다. 잡스는 자기가 원하는 일은 어떻게 해서든 반드시 해내고 마는 사람이었다. 그 때문에 세상의 인정을 받기도 했지만 맥콜럼처럼, 원칙 없는 잡스의 추진력을 싫어하는 사람들도 적지 않았다.

최초의 사업

1971년 가을, 잡스에게 워즈의 전화가 걸려왔다. 잔뜩 흥분한 목소리였다. 당시 워즈는 콜로라도 대학교에서 낙제 위기에 처한 후 집에서 가까운 디엔자로 옮겼다가 다시 버클리 대학에 가기로 되어 있었다.

"스티브! 이것 좀 들어 봐."

워즈는 『에스콰이어』 잡지에 실린 '작은 블루 박스의 비밀'이라는 글을 읽기 시작했다. 프리커(전화를 도용하거나 불법적으로 사용하는 사람을 일컫는 은어)와 해커들이 AT&T 네트워크의 신호를 복제하는 방법으로 장거리 전화를 공짜로 사용하고 있다는 기사였다. 워즈가 전화로 읽어 주는 기사를 듣자마자 잡스도 흥분에 휩싸였다.

“도서관으로 가자.”

무슨 말인지 워즈도 즉각 알아들었다. 기사에 따르면 전화를 연결하는 단일 주파수 역할을 하는 신호들이 『벨 시스템 테크니컬 저널』에 소개된 바가 있는데, AT&T에서 각 지역 도서관에 그 잡지를 서가에서 치워 달라고 요청하기 시작했다는 것이었다. 서가에서 치우기 전에 그 저널을 확보해야 했다.

몇 분 지나지 않아 자동차 급정거하는 소리가 들렸다. 잡스는 총알처럼 튀어나가 워즈의 차에 올라탔다.

“스탠퍼드 선형가속기 연구소 도서관으로 가. 거기라면 아직 치우지 않았을 거야.”

하필 도서관이 문을 닫는 일요일이었다. 그러나 도서관을 자기 집처럼 들락거린 두 사람은 언제나 열려 있는 문 하나를 알고 있었다. 잡스와 워즈는 미친 듯 열람실로 내달렸다. 두 사람은 잡지 더미를 미친 듯이 뒤지기 시작했다. 얼마나 지났을까.

“이야! 찾았다!”

워즈가 신대륙이라도 발견한 사람처럼 환호성을 내질렀다. 잡스와 워즈는 머리를 맞댄 채 잡지를 마구 넘기며 그 기사를 찾았다.

“정말이야. 정말 여기 다 있어!”

두 사람의 눈이 마주쳤다.

“나한테 주파수 계수기가 있어. 탐구자 클럽에서 만든 거야.”

잡스의 말이 끝나자마자 워즈가 벌떡 일어났다.

“저녁에 보자.”

어디로 간다는 말은 없었지만 잡스는 워즈가 왜 저토록 급히 달려 나가는지 알고 있었다. 서니베일 전자기기 부품상이 문을 닫기 전에 아날로그 신호 생성기를 만드는 데 필요한 부품을 구입하려는 것이었다.

그날 밤, 워즈와 잡스는 밤을 꼬박 새우며 발진기를 만들었지만 불행히도 작동이 되지 않았다. 전화 회사를 속일 만큼 정확한 소리를 반복해서 재생할 수가 없었다. 이윽고 날이 밝았다. 워즈가 버클리 대학으로 떠나야 하는 날이었다.

“일단 헤어지자. 디지털 버전을 완성하면 연락할게.”

추수감사절을 며칠 앞둔 어느 날, 잡스는 창밖에서 요란하게 울려 대는 경적 소리에 창밖을 내다보았다. 워즈가 창문 너머로 손을 흔들고 있었다.

“뭐야? 성공한 거야?”

워즈가 고개를 끄덕였다. 그는 작은 박스 하나를 들고 급히 잡스의 방으로 달려왔다.

“아직 실험은 해 보지 않았어. 이게 바로 디지털 버전이야.”

그때까지 누구도 블루 박스의 디지털 버전을 시도하지 않았다. 역사상 최초의 시도였다. 워즈가 블루 박스를 연결하여 전화를 걸었다. 로스앤젤레스에 있는 워즈의 삼촌 집이었다.

"워즈 씨 댁이죠?"

"네? 그런 사람 없는데요. 전화번호를 잘못 아신 모양입니다."

상대의 말이 끝나기도 전에 잡스와 워즈는 팔짝팔짝 뛰며 함성을 질렀다. 잘못 걸리기는 했지만 분명 성공한 것이다. 두 사람은 수화기에 대고 소리쳤다.

"안녕하세요. 우리는 지금 공짜로 전화를 걸고 있는 거예요. 공짜라고요, 공짜!"

"대체 무슨 소리를 하는 겁니까?"

상대방이 짜증을 냈다. 잡스가 재빨리 수화기를 뺏어 들었다.

"여기는 캘리포니아예요. 캘리포니아에서 블루 박스로 공짜 전화를 건 거라고요."

상대방이 짜증을 내며 툭 전화를 끊었다. 잡스와 워즈는 눈을 맞추며 키들키들 웃었다.

한동안 두 사람은 블루 박스로 장난 전화를 하며 시간을 보냈다. 하루는 워즈가 바티칸으로 전화를 해서 교황을 바꿔 달라고 했다. 자기가 키신저라고 허풍을 떨면서 말이다. 바티칸에서는 새벽이라 교황이 취침 중이라고 했다. 잠시 후 워즈는 다시 전화를 걸었다. 이번에는 통역을 맡은 주교가 전화를 받았다. 물론 교황과 직접 통화하지는 못했다. 통역 주교가 전화한 사람이 키신저가 아니라는 것을 눈치챈 것이다. 그때 워즈는 공중전화로 전화를 걸고 있었다. 전화를 끊는 순간, 잡스의 머릿속으로 기막힌 아이디어가 떠올랐다.

"이걸 더 만들어서 팔아 보는 건 어때?"

워즈가 고개를 갸웃거렸다.

"이걸 누가 살까?"

"당연하지. 바티칸에 공짜 전화를 걸 수 있는 기계잖아. 만들기만 해. 나머지는 내가 알아서 할 테니까."

"좋아."

잡스는 전원 공급 장치와 키패드, 포장 등등 제품의 구성 요소를 완성했고, 워즈는 그에 맞춰 블루 박스를 만들었다.

"이걸 얼마에 팔지?"

전자공학에 관한 지식이라면 워즈가 압도적이었지만, 그 밖의 것은 잡스가 훨씬 나았다. 워즈는 오직 전자공학 분야에만 전문가였다. 잡스가 나설 차례였다. 부품 가게에서 일한 경력을 살려 잡스는 원가에 들어간 돈을 꼼꼼히 계산했다. 부품에 들어간 돈은 대략 40달러였다.

"좋아. 150달러 받으면 적당하겠어. 가자!"

잡스가 트럼프 두 벌을 합쳐 놓은 것만 한 블루 박스를 들고 일어섰다.

"가다니? 어디로?"

"어디긴 어디야. 구매자들을 찾아 나서야지."

잡스가 염두에 둔 구매자는 집을 떠나 있기 때문에 전화를 자주 걸어야 하고 돈이 넉넉지 않은 학생들이었다. 두 사람은 버클리 대학의 기숙사를 찾아가 어느 방문을 두드렸다. 부스스한 히피 차림의 학생 하나가 뚱한 얼굴로 문을 열었다.

"공짜 전화를 할 수 있는 기계가 있는데 한번 볼래요?"

공짜 전화라는 말에 혹한 학생이 두 사람을 방에 들였다. 워즈는 블루 박스를 수화기에 부착하고는 영국에 있는 유명한 호텔로 전화를 걸었다.

"해외 전화가 공짜로 된단 말이죠?"

학생이 눈을 빛내며 관심을 보였다. 잠시 후, 워즈와 잡스는 150달러를 들고 기숙사를 나섰다.

블루 박스는 만들기 무섭게 팔려 나갔다. 좋아하는 제품을 만들고 그걸로 돈까지 버는 것은 참으로 즐거운 경험이었다. 그러나 한동안 성황을 이뤘던 블루 박스 사업은 오래가지 못했다. 전화 회사가 불법 판매 행위를 막기 위해 조치를 취했기 때문이었다.

이 일은 워즈와 잡스에게 큰 교훈을 남겼다. 두 사람이 기술적 문제를 해결하고 무언가를 상품화할 수 있다는 확신을 얻었을 뿐 아니라 작은 회로 기판이 달린 장치 하나로 큰돈을 벌 수도 있다는 사실을 자각했던 것이다. 물론 블루 박스는 불법적인 사업이었다. 그

러나 이 일로 두 사람은 워즈의 기술과 잡스의 사업적 능력을 합치
면 무엇인가 이룰 수 있다는 사실을 확인했다. 만약 이 블루 박스가
없었다면 애플도 없었을 것이다.

나는 누구인가?

대학 진학을 결정해야 할 시기가 다가왔다. 부모는 잡스가 버클리 같은 주립대학교에 가기를 원했다. 좋은 학교이면서도 학비가 쌌기 때문이다. 잡스의 부모는 17년 전, 생모에게 아들을 반드시 대학에 보내겠다고 약속했다. 그 약속을 지키기 위해 아버지는 최선을 다해 일했고, 많은 액수는 아니지만 학자금으로 쓸 만한 돈을 모았다. 그러나 잡스는 대학에 진학하지 않겠다고 투정을 부렸다.

"그건 절대 안 된다. 대학은 가야 해."

"주립대학은 싫어요."

"그럼 스탠퍼드는 어떠냐?"

스탠퍼드는 멀지 않은 곳에 있었고 그곳에서라면 장학금을 받을 수도 있었다. 그러나 잡스는 이번에도 단호하게 고개를 저었다. 스탠퍼드는 좋은 학교지만 거기 가는 학생들은 현실적인 뚜렷한 목표가 있었다. 벌써부터 인생의 행로를 정해 버린, 상식적인 틀 안에 갇혀 사는 아이들과 섞이고 싶지 않았다. 잡스는 좀 더 예술적이고 흥미로운 세계를 원했다. 잡스의 부모는 한숨을 내쉬며 물었다.

“어느 대학이라면 가겠니?”

잡스는 잠시 고민하다가 대답했다.

“리드요.”

오리건 주 포틀랜드에 있는 리드 대학은 미국에서 학비가 가장 비싼 대학이었다. 아버지는 고민에 잠겼다. 잡스도 부모가 리드의 학비를 감당하기 어려운 형편이라는 것은 알고 있었다. 그러나 정말이지 리드가 아니면 어디에도 가고 싶지 않았다. 리드 대학교는 정원이 홈스테드 고등학교의 절반인 1000명밖에 되지 않았다. 게다가 학부 중심으로 순수 학문에 중점을 두는 리드는 자유로운 정신과 히피 생활 방식으로 유명했다. 리드라는 한마디만 해놓고 잡스는 입을 꾹 다물었다. 정말로 거기가 아니면 대학을 가지 않을 기세였다. 아들의 고집을 익히 알고 있는 아버지가 마침내 입을 열었다.

“일단 원서를 내거라. 그리고 시간이 있으니 같이 고민해 보자꾸나.”

어느 날, 잡스가 워즈를 만나러 버클리 대학에 갔을 때였다. 워즈에게 한 통의 전화가 걸려 왔다. 잡스의 아버지였다.

"리드에서 합격 통지서가 왔구나."

리드라고 꼭 가고 싶은 건 아니었다. 그저 잡스는 자신이 어떤 사람인지, 어떻게 살아야 할지, 알고 싶을 뿐이었다. 아버지가 망설이면서 말을 이었다.

"얘야, 꼭 리드여야겠니? 워즈랑 같이 버클리에 다니면 안 되겠어? 스탠퍼드도……."

아버지의 말이 끝나기도 전에 어머니의 목소리가 들려왔다.

"그래, 스티브. 너도 우리 형편을 알잖니? 리드가 좋은 학교라는 건 안다만 우리가 감당할 수 있는 수준이 아니야. 제발 한 번만 더 생각해 보렴."

"됐어요. 대학 따위 별로 다니고 싶지도 않아요. 그럼 그만두죠 뭐."

잡스는 그 말만 하고 전화를 끊어 버렸다. 이번에도 잡스의 승리였다.

잡스가 대학생이 된 1972년 후반, 미국의 대학가는 베트남 전쟁과 징집으로 인한 긴장감이 풀려 가고 있었다. 이전까지 대학가는 정치 문제로 연일 시끄러웠다. 기숙사에서의 토론은 여전히 활발했지만 그 주제는 정치에서 개인의 성취에 관한 문제로 옮겨 갔다. 잡스 또한 이런 대학가의 영향에서 자유롭지는 않았다. 특히 리드 대학은 티모시 리어리라는 사람의 영향으로 환각제와 명상에 심취

한 학생들이 많았다. 그의 정신을 한마디로 정리하면 "환각 상태에 들어가 신성에 파장을 맞추고 속세를 벗어나라!"는 것이었다. 리드 대학교의 수많은 학생이 이 가르침에 따라 속세를 벗어났다. 1970년 대 내내 리드 대학교의 자퇴율은 33퍼센트가 넘었다.

잡스는 대니얼 콧키라는 친구의 영향으로 선불교에 빠져들었다. 잡스는 불교에서 강조하는 직관적 통찰에 깊은 영향을 받았다. 직 관적 이해와 자각이 추상적 사고와 지적 논리 분석보다 더 중요하 다는 것을 깨닫기 시작한 것이다. 직관을 중시하는 잡스의 태도는 평생 지속되었다.

사실 잡스의 방황은 '나는 누구인가?'라는 고민으로 출발한 것이 었다. 자신의 정체성을 찾으려는 것이 모든 청년들의 통과의례이 긴 하지만 잡스가 유독 혹독한 방황을 한 것은 버려진 아이였기 때 문이다. 그는 생모를 찾기 위해 사설탐정을 고용한 적도 있었다. 길 러 준 부모를 마음 깊이 존경하고 사랑했지만 자신의 뿌리를 알지 못하는 잡스로서는 자신의 정체성에 대해 남보다 더 깊이 천착할 수밖에 없었다. 청년 잡스는 선과 명상을 통해 자신의 내면을 탐색 하며 자신으로의 여행을 하는 중이었다.

대학생이라면 학점 관리를 하기 위해 반드시 필수과목을 들어야 했다. 그러나 잡스는 그러한 틀을 받아들이지 않았다. 언젠가 워즈 가 리드 대학에 방문했을 때 잡스는 시간표를 마구 흔들며 불만을 털어놓았다.

"나더러 『일리아드』를 읽고 펠로폰네소스 전쟁을 공부하라는 거야. 내가 도대체 왜 이런 것들을 알아야 하는데!"

대학을 세 번이나 옮겨 다닌 워즈가 그래도 잡스보다는 좀 더 현실적이었다. 워즈에게도 싫은 과목이 있었고, 한때는 그런 과목의 공부를 하지 않아 낙제 위기에 처하기도 했다. 그러나 이제 워즈는 현실적으로 대학에서 필수과목을 빼먹을 수는 없다는 것을 알았다.

"이봐, 잡스. 대학이란 다 그런 거야. 필수과목이라는 건 어딜 가도 다 있다고!"

잡스는 워즈와 달랐다. 워즈의 충고에도 자신이 원하는 수업에만 들어갔다. 2학년이 되었을 때 잡스는 비싼 등록금을 내고 학교를 계속 다녀야 하는 것인지 고민에 빠졌다. 노동자인 아버지가 평생 모은 돈이 잡스의 학비로 모두 빠져나가고 있었다. 고민 끝에 잡스는 자퇴서를 제출했다.

"자네는 왜 학교를 그만두려고 하는 건가?"

잡스의 자퇴서를 받아 든 학생과장이 물었다.

"제가 원하지 않는 공부를 하고 싶지 않습니다. 제가 원하는 공부만 하기에도 시간이 부족하거든요."

학생과장은 머리를 치렁치렁 기른 맨발의 청년에 관한 기록을 잠시 살펴보았다. 분명 뛰어난 데가 있는 청년이었다. 학생과장은

이 청년이 자유로운 영혼의 소유자여서 기계적으로 주입하는 진리를 거부한다는 사실을 간파했다. 그리고 말했다.

"좋아. 자퇴서는 받아 주지. 하지만 자네가 원한다면 언제든 원하는 수업을 청강해도 좋아. 기숙사에서 친구들과 지내는 것도 허락하지."

그야말로 잡스가 바라던 바였다. 이렇게 해서 잡스는 리드 대학의 학생증 없는 학생이 되었다.

아타리의 부랑자

1974년 3월, 잡스는 고향 집에서 구인 광고를 뒤적이고 있었다. 18개월에 걸친 리드에서의 방황을 막 접은 참이었다. 한 광고가 잡스의 눈길을 사로잡았다.

'즐기면서 돈 버는 곳.'

바로 잡스가 원하던 곳이었다. 당시 아타리는 자유로운 근무 환경 때문에 최고의 직장으로 소문나 있었다. 잡스는 옷을 대충 걸쳐 입고 비디오게임 제조사 아타리로 달려갔다. 거지라고 해도 믿을 허름한 옷에 까치집처럼 산발한 머리였다. 로비에 들어서자 직원이 그를 막아섰다.

"무슨 일입니까?"

"취직하러 왔는데요."

잡스의 차림새를 위아래로 훑어본 직원이 얼른 막아섰다.

"안 됩니다."

잡스는 로비에 놓인 의자에 앉아 발을 턱하니 탁자에 올려놓으며 당당하게 말했다.

"일자리를 줄 때까지 나가지 않을 겁니다."

잡스는 제 집처럼 신문을 펼쳐 들었다. 직원이 혀를 차며 수화기를 집어 들었다.

"웬 히피 녀석이 채용해 줄 때까지 나가지 않겠다며 버티고 있는데요, 경찰을 부를까요, 아니면 들어오게 할까요?"

직원이 전화를 한 사람은 아타리의 수석 엔지니어인 앨 알콘이었다.

"한번 데려와 보세요."

앨 알콘은 샌들을 신은 히피 청년이 마음에 들었다. 그날로 대학 중퇴자 잡스는 아타리의 시급 5달러짜리 기술자가 되었다. 그러나 모두가 앨 알콘처럼 잡스를 좋아한 건 아니었다. 다음 날 랭이라는 엔지니어가 앨을 찾아와 항의했다.

"아니, 하필이면 왜 냄새 풀풀 나는 히피놈을 저한테 붙여 주신 거예요? 냄새가 나서 도무지 곁에 있을 수가 없어요. 게다가 다루는 것 자체가 불가능한 놈이라고요."

채식주의자인 잡스는 채식하는 식습관이 몸의 악취도 막아 준다고 믿고 있었다. 그래서 샤워조차 제대로 하지 않았다.

랭뿐만 아니라 대부분의 직원이 잡스를 쫓아내기를 원했다. 그러나 사장 놀란 부시넬은 앨 알콘처럼 잡스의 장점을 한눈에 간파했다. 그의 몸에서 나는 냄새나 히피 차림 같은 건 문제가 아니었다. 하지만 다른 동료들과 어울리지 못하는 건 문제였다. 잡스가 동료들의 원성을 사게 된 것은 괴상한 차림새에 냄새가 나는 데다 대학 중퇴자 주제에 건방지기까지 해서였다. 잡스는 평소 다른 동료들을 멍청이로 취급했다. 상황을 알면서도 부시넬은 이 괴짜 청년을 자르고 싶지 않았다.

"야간 근무를 하는 건 어떤가?"

야간 근무를 하는 사람은 아무도 없었다. 부시넬은 잡스를 자르고 싶지 않아 밤에 혼자 일하라는 것이었고, 잡스는 그 제안을 흔쾌히 받아들였다. 멍청이들과 일을 하느니 혼자 일을 하는 게 나았다.

아타리에 친구가 하나도 없는 건 아니었다. 잡스는 게임 설계사인 론 웨인과 가까이 지냈다. 그는 아타리에 들어오기 전에 슬롯머신을 만드는 회사를 직접 운영한 적이 있었다. 잡스는 직접 자기 회사를 세울 수도 있다는 사실을 깨닫고 흥분했다. 전까지 그런 친구를 만나 본 적이 없었던 것이다.

"웨인, 나랑 같이 다시 사업을 해 보는 건 어때? 슬롯머신이라면 아직 승산이 있는 것 같은데 말야. 내가 5만 달러를 투자할게."

어디서 돈을 빌리지? 잡스의 머리가 부지런히 돌아갔다. 그러나 사업에 실패한 경험이 있는 웨인은 절레절레 고개를 저었다.

"이봐, 스티브. 사업은 5만 달러를 날리는 가장 빠른 길이야. 앞으로도 조심하라고."

그러나 이미 잡스의 마음속에서는 자기 사업에 대한 열망이 불길처럼 치솟고 있었다.

잡스가 아타리에서 배운 것은 그것만이 아니었다. 아타리의 게임은 아주 단순했다. 어린아이들조차 쉽게 할 수 있을 정도였다. 아타리 '스타 트렉' 게임의 사용 설명문은 단 두 문구였다.

1. 25센트 동전을 넣으시오.
2. 클링온(미국 드라마 〈스타 트렉〉에도 등장하는 외계 종족)들을 피하시오.

너무 단순한 게임이라고 우습게 여기는 사람들도 있었지만 잡스는 단순함이 가지는 가치를 직관적으로 알아보았다. 단순할수록 더 많은 사람을 끌어들일 수 있는 것이다. 아이폰의 단순함은 바로 여기서부터 시작되었다.

영혼의 고향을 찾아서

잡스는 어느 정도 돈이 모이자 앨 알콘을 찾아갔다. 사실 그가 아타리에 취직한 것은 순전히 돈을 벌기 위해서였다. 인도에 갈 여행 경비가 필요했던 것이다.

"안녕히 계세요. 저는 저의 구루를 찾아 인도로 떠날 겁니다."

"저런 저런, 아주 극단을 달리는군. 가서 편지나 하게."

"그럼 비용을 좀 지원해 주시겠습니까?"

잡스는 당돌하게 알콘을 똑바로 쳐다보면서 말했다.

"헛소리 마!"

그렇게 웃어넘긴 순간, 알콘에게 기막힌 아이디어가 떠올랐다.

"이봐, 잡스. 누이 좋고 매부 좋은 일이 하나 있는데 말이야. 우리

게임기가 초당 60프레임이지 않은가. 그런데 유럽은 초당 50프레임이라 화면이 자꾸 끊긴다는 거야. 유럽에 가서 그 문제를 해결하면 출장비는 물론이고 수고비도 두둑하게 주지. 어때, 해 보겠나?”

잡스는 잠시 망설였다. 리드 시절부터 친구인 대니얼 콧키에게 비행기 값을 대줄 테니 함께 가자고 이미 말해 둔 터였다. 선과 명상의 동료이기도 한 콧키는 흔쾌히 여행에 합류하기로 했다.

“거기서 인도로 가면 비행기 값도 더 쌀걸.”

알콘이 덧붙인 한마디에 잡스는 넘어가고 말았다.

“좋습니다.”

며칠 뒤 알콘에게 독일에서 전화가 한 통 걸려 왔다.

“대체 부랑자 같은 사람을 우리에게 보낸 이유가 뭐요? 냄새도 나는 데다 무례하기까지 해서 도무지 같이 일을 할 수가 없단 말이오.”

알콘이 느긋하게 물었다.

“그 친구가 문제는 해결했나요?”

“문제야 해결했지만…….”

독일 경영자가 불평을 늘어놓으려는 찰나 알콘이 천연덕스럽게 말했다.

“문제가 생기면 언제든 연락하세요. 여기엔 그런 친구들이 많거든요.”

당황한 독일인이 얼른 대꾸했다.

"아, 아니요. 앞으로는 우리가 알아서 해결하겠소."

전화를 끊고 알콘은 웃음을 터뜨렸다.

유럽에서 회사 일을 해결하고 잡스가 인도 뉴델리에 도착한 것은 1974년 4월이었다. 고작 4월인데도 뉴델리의 아스팔트는 종일 쏟아지는 햇살에 한껏 달궈져 뺨이 후끈거릴 정도였다. 그는 택시 기사가 안내하는 호텔로 갔다. 말이 호텔이지 누추하기 짝이 없었다. 더위에 목이 바싹바싹 타들어 갔다. 잡스는 프론트로 전화를 걸었다.

"물이 정수된 겁니까?"

그렇다는 대답만 믿고 잡스는 양껏 수돗물을 들이켰다. 그날부터 열이 끓기 시작했다. 게다가 몇 날 며칠 설사가 멈추지 않았다. 이질에 걸린 것이었다. 인도에 도착하고 일주일 동안 잡스의 몸무게는 무려 18킬로그램이나 줄었다.

대니얼 콧키는 여름이 시작될 무렵 인도에 도착했다. 두 사람은 평소 입던 청바지와 티셔츠를 인도의 탁발승들이 입는 룽기로 바꾸고 나머지 옷들은 모두 인도 사람들에게 나눠 주었다. 그러고는 버스나 기차를 타고 별다른 목적 없이 이곳저곳을 돌아다녔다. 숙소를 구하지 못하면 폐가에서 잠을 청했고, 마을을 만나면 음식을 구걸했다. 한마디로 맨발의 유랑자였다. 두어 달 지나자 두 사람은 영락없는 거지꼴이 되었다.

어느 날, 두 사람은 숙소를 구하지 못해 물이 흐르지 않는 개울 바닥에서 잠이 들었다. 잡스는 뭔가 축축한 느낌에 잠에서 깨어났다. 정신을 차려 보니 몸이 물에 잠기고 있었다.

"콧키! 콧키!"

천둥 번개가 치고 폭우가 쏟아지는 것도 모른 채 콧키는 깊이 잠들어 있었다. 잡스는 콧키를 질질 끌다시피 해 급류가 쏟아져 내려오는 개울을 탈출했다.

애당초 잡스는 구루를 만나 가르침을 받을 생각이었다. 이질에서 회복된 직후 1960년대 히피 운동의 정신적 지도자라 할 수 있는 님 카롤리 바바를 찾아가 보기도 했지만 이미 거처를 옮긴 뒤라 만나지 못했다. 힌두교 성자로 추앙받는 사람을 찾아간 적도 있었다. 한 무리의 추앙자들을 거느리고 있던 그는 잡스를 지목해서 가리키며 정신없이 웃어 댔다. 그러고는 잡스를 부여잡고 피리 소리 같은 걸 내며 말했다.

"넌 딱 아기 같구나."

대체 무슨 소린지 알아들을 수가 없었다. 잠시 후 그는 잡스를 데리고 어느 언덕으로 올라갔다. 그곳에는 작은 우물과 연못이 있었다. 그는 잡스를 자리에 앉히고는 면도칼을 꺼내 들었다. 미치광이가 아닐까, 잡스는 정신이 오싹했다. 잠시 후 그는 비누를 꺼내더니 길게 자란 잡스의 머리를 깨끗하게 면도했다. 재미있는 경험이긴

했지만 잡스는 그를 통해 어떤 영적인 가르침도 얻지 못했다. 스스로 구루나 성자라고 자처하는 사람들은 대개 미치광이 같거나 한심한 사기꾼에 불과했다.

그렇다고 인도 여행이 헛되기만 한 것은 아니었다. 7개월 동안 인도의 곳곳을 떠돌아다니면서 잡스는 난생처음으로 극한의 가난을 목격했다. 풍요로운 미국에서 태어나고 자란 잡스에게 인도의 모습은 너무나 충격적이었다. 자신의 본모습을 찾으러 온 인도에서 잡스는 진정으로 인간을 위하는 길이 무엇인가에 대해 고민하기 시작했다. 정신적 스승은 만나지 못했지만 인도 그 자체가 잡스에게는 스승이었다.

여행이 끝나 갈 즈음 잡스는 마침내 답을 찾았다. 세상을 바꾸는 것은 카를 마르크스 같은 혁명가나 님 카롤리 바바 같은 영적 스승이 아니라 토마스 에디슨 같은 사람일지 모른다는 것이었다. 가난으로 고통 받는 인도의 수많은 사람을 보고 내린 결론이었다. 고등학교 시절 이래 영적인 수련에 몰두해 있던 잡스는 실용적이고 기술적인 혁신이야말로 인간의 삶을 실질적으로 변화시킬 수 있다는 새로운 깨달음을 안고 미국으로 돌아왔다.

혼돈 속의 새로운 길

1975년 초, 론 웨인이 불쑥 앨 알콘 사무실의 문을 열고 들어왔다.

"스티브가 돌아왔어요!"

여전히 맨발에 인도 룽기를 입은 잡스가 발을 질질 끌며 들어왔다. 크리슈나교의 승려 같은 모습에 알콘이 웃음을 터뜨렸다.

"다시 일해도 됩니까?"

"물론이지."

이번에도 알콘은 아타리의 다른 직원들을 위해 밤 근무를 제안했다. 그 무렵 놀란 부시넬은 브레이크아웃이라는 게임을 개발할 계획이었다. 한 명의 플레이어가 벽을 향해 패들로 공을 치면 벽의 벽돌들이 하나씩 제거되는 방식의 게임이었다. 그는 자신의 생각을 그림으로 그려 가며 잡스에게 보여 주었다.

"스티브, 내가 브레이크아웃이라는 게임을 개발 중인데 말이야. 자네가 이 게임 프로그램을 설계해 보지 않겠나? 칩을 50개 미만으로 사용해서 프로그램을 완성하면 줄어든 칩에 비례해서 보너스를 주지."

부시넬은 잡스의 실력을 잘 알고 있었다. 잡스는 이런 게임을 설계할 만한 뛰어난 엔지니어가 아니었다. 그러나 잡스 옆에는 워즈가 있었다. 부시넬은 잡스가 워즈로 하여금 이 일을 하게 만들 것이라고 예상한 것이다. HP에 다니던 워즈는 잡스가 일하는 시간이면 아타리의 사무실에 출근하다시피 찾아와 비디오 게임을 즐겼다. 오며 가며 워즈를 봤던 부시넬은 워즈가 매우 뛰어난 엔지니어라는 것을 간파했다. 그라면 충분히 이 일을 해낼 수 있을 터였다.

어떻게 할지 잡스가 잠시 망설이고 있자 부시넬이 밀어붙였다.

"이봐, 어떤 일이든 해낼 능력이 있는 것처럼 행동하면 반드시 해낼 수 있게 되는 거야. 어디서든, 무슨 일이든, 완전히 장악하고 있는 것처럼 굴란 말이지. 그러면 사람들은 정말 그런 줄 알거든. 자, 할 수 있겠지?"

부시넬은 그런 사람이었다. 그 앞에서는 어떤 직원도 '안 된다'라는 말을 할 수 없었다. 부시넬이 그런 말을 용인하지 않았기 때문이다. 잡스는 부시넬의 이런 점을 매우 높이 평가했을 뿐만 아니라 닮고 싶어 했다.

"물론이죠. 상상하시는 이상의 결과를 보시게 될 겁니다."

부시넬의 예상은 적중했다. 잡스는 그날 밤, 사무실로 찾아온 워즈에게 말했다.

"게임 프로그램을 설계해 보지 않겠어?"

"정말?"

워즈는 뛸 듯이 기뻐했다. 사람들이 즐길 게임을 직접 만든다는 생각만으로도 하늘을 날 것 같았다.

"나흘 안에 해야 해. 가능할까?"

잡스는 이 일을 빨리 끝내고 사과 농장에 가서 수확을 도와 줄 요량이었다.

"몰라. 처음 하는 일이라 예측할 수가 없네. 힘들 것 같은데……."

엔지니어들이 게임을 개발하는 데는 대략 2~3개월 정도 걸리는 게 정석이었다. 게다가 워즈가 게임을 좋아하기는 하지만 게임 설계를 해 본 적은 없었다.

"무슨 소리야. 너라면 나흘이 아니라 사흘에도 끝낼 수 있을걸. 너는 내가 본 엔지니어 중에 최고야."

잡스의 말에 워즈는 힘을 얻었다. HP에서 근무가 끝나면 워즈는 곧장 아타리로 달려왔다. 잡스는 옆에서 워즈를 도왔다. 놀랍게도 두 사람은 사흘 만에 일을 끝냈다. 게다가 칩은 45개밖에 사용하지 않았다. 일을 맡긴 부시넬조차 감탄할 정도였다. 부시넬은 5000달러를 보너스로 주었다. 잡스는 그중 350달러만을 워즈에게 건넸다. 10년이 지난 뒤에야 워즈는 이 사실을 알고 몹시 격분했다. 그렇지만 브레이크아웃 설계에 참여한 것을 후회하지는 않았다. 이때의 경험이 훗날 애플 컴퓨터를 설계하는 데 큰 도움이 되었기 때문이다.

워즈는 컴퓨터를 디자인하거나 비디오 게임을 하는 것 말고는 다른 어떤 것에도 관심이 없었다. 그는 뛰어난 엔지니어였지만 잡스와 함께가 아니라면 그저 엔지니어에 불과했다. 워즈의 능력을 사업으로 이끌어 낸 것은 잡스였다. 워즈 역시 이 점을 정확하게 인식하고 있었다. 잡스는 돈을 버는 방법을 잘 알고 있었고, 일단 무엇이든 마음먹으면 끝까지 밀어붙이는 대단한 추진력의 소유자였다.

1975년, 스무 살의 잡스는 아침마다 명상을 했고, 낮에는 스탠퍼드 대학에서 물리학 수업을 청강했으며, 밤이면 아타리에서 일을 하면서 자기 사업을 구상했다. 이러한 잡스의 혼란은 샌프란시스코와 실리콘밸리의 혼돈과도 닮아 있었다. 히피의 생활 방식과 컴퓨터에 대한 열정, 영적인 깨달음과 첨단 기술의 조화, 이것이 당시 샌프란시스코와 실리콘밸리의 문화였고, 잡스의 삶이었다. 다양한 것들이 마구 뒤섞인 채 스무 살의 잡스는 내일의 도약을 준비하고 있었다.

애플의 탄생

켜고 교감하고 부팅하라

1960년 미국의 젊은이들은 마약인 LSD에 환호했다. 환각 상태에서 자신의 신성을 발견하고 세속을 떠나는 것이 기성세대에 대한 반항이었다. 1970년대에 접어든 이후 퍼스널 컴퓨터가 LSD의 위치를 대신했다. 컴퓨터는 개인의 표현과 자유의 상징과도 같았다. 잡스처럼 마리화나를 즐기고 긴 머리에 샌들을 신고 다니던 서부 해안의 히피들은 아직 존재하지 않은 새로운 세상을 꿈꾸었다. 그들이 꿈꾸는 세상 속에는 컴퓨터가 있었다. 켜고 교감하고 부팅하라. 이것이 그들의 이상이었다.

1975년 3월 5일, 워즈에게 한 통의 전화가 걸려 왔다. 앨런 바움이라는 친구였다.

“이봐, 스티브. 게시판에 실린 광고 좀 봐.”

워즈는 HP 게시판으로 달려갔다. 바움은 어떤 광고라는 것도 말하지 않았지만 워즈는 한눈에 찾아냈다.

당신만의 컴퓨터를 만들고 싶나요? 혹은 단말기나 텔레비전, 타자기를? 그렇다면 당신과 똑같은 관심사를 가진 이들을 만나 보는 게 어때요?

그날, 워즈와 바움은 맨로파크에 있는 한 차고에서 열린 미팅에 참석했다. 20세기 PC 시대를 이끌어 갔다고 해도 과언이 아닌 홈브루 컴퓨터 클럽의 첫 미팅이었다. 미팅에 참석한 30명가량의 컴퓨터광들은 컴퓨터 이야기로 밤을 지새웠다. 바로 이 첫 모임에서 워즈는 마쿨라로프로세서(중앙처리장치로, 필요한 회로망을 모두 갖춘 단일 칩)를 보았다. 그것을 보는 순간, 섬광처럼 획기적인 아이디어가 떠올랐다.

‘키보드와 모니터, 컴퓨터를 하나의 개인용 패키지로 통합하면 어떨까?’

당시 사람들에게 컴퓨터는 큰 기업에서 사용하는 탱크처럼 거대한 것이었다. 컴퓨터를 거실에 옮겨 와 장난감처럼 자유자재로 갖고 놀 수 있는 날이 올 거라고는 아무도 예상하지 못했다. 그날 워즈가 떠올린 것은 바로 그런 컴퓨터였다. 집에 돌아오자마자 워즈는 머릿속에 떠오른 이미지를 종이 위에 스케치하기 시작했다.

1975년 6월 29일, 자신의 상상 속에 존재하던 컴퓨터를 실물로 앞에 둔 워즈는 잔뜩 긴장한 채 화면을 바라보았다. 그러고는 조심스럽게 키보드의 키를 눌렀다. 누른 글자가 그대로 화면에 나타났다. PC 역사에 한 획이 그어진 순간이었다.

소식을 전해 들은 잡스는 기다렸다는 듯 질문을 쏟아 부었다.

"컴퓨터가 네트워크로 연결될 수 있을까? 메모리 장치를 위한 디스크를 추가할 수 있을까?"

잡스의 질문은 워즈를 기술적으로 더 나아가게 만드는 힘이 있었다. 그 무렵 잡스는 워즈와 함께 홈브루 컴퓨터 클럽에 참여하고 있었다. 클럽의 창업자는 동호회가 상업적으로 이용되지 않고 교환과 공유의 장으로 자리 잡기를 원했다. 정보를 자유롭게 공유하는 컴퓨터광들의 가치관이 반영된 것이었다. 워즈의 생각도 비슷했다. 그가 개인용 컴퓨터를 만든 것은 팔기 위해서가 아니라 다른 사람들에게 무료로 나눠 주고 싶어서였다. 그러나 잡스의 생각은 달랐다. 잡스는 워즈가 개인용 컴퓨터의 설계도 사본을 나눠 주는 것에 반대했다.

"사본을 더 이상 나눠 주지 마. 대신 이렇게 하면 어때? 사람들은 자기가 직접 회로 기판을 만들 시간이 없잖아. 그러니까 인쇄 회로 기판(PCB)을 만들어서 판매하면 어떨까? 먼저 시험적으로 몇 개만 만들어서 팔아 보자.”

워즈는 자신이 만든 것을 팔 수 있다는 생각조차 해 보지 않았다. 블루 박스를 만들 때도 마찬가지였다. 그러나 잡스는 이미 완벽한 사업 구상이 끝난 상태였다. 그는 아타리에 근무하는 친구에게 워즈의 회로도를 주고 50개 정도의 회로 기판을 찍어 달라고 부탁할 참이었다. 아타리의 설계자에게 지불할 돈은 약 1000달러, 회로 기판이 만들어지면 700달러는 남는 장사였다.

“스티브, 그게 팔리겠어? 내 생각엔 우리가 투자한 돈도 건지지 못할 것 같은데…….”

잡스는 워즈의 반응을 이미 예상하고 있었다. 또 어떻게 설득해야 할지도 간파하고 있었다.

“생각해 봐. 설령 손해를 좀 보더라도 회사 하나는 생기는 거야.”

사실 잡스는 떼돈을 벌 거라고 확신했다. 다만 워즈가 돈에 관심이 없다는 것을 알고 있었기에 떼돈을 벌 수 있다는 장담 대신 흥미진진한 사업체를 갖게 된다고 강조한 것이다.

“바로 우리 회사가 생기는 거라고.”

이 말이 워즈를 사로잡았다. 절친한 친구와 둘이서 회사를 차린다는 것은 너무나 멋진 일이었다. 두 사람은 당장 움직이기 시작했다. 워즈는 갖고 있던 HP65 전자계산기를 500달러에 팔았고, 잡스는 그 무렵 타고 다니던 폭스바겐 버스를 1500달러에 팔았다. 그러나 2주 후 엔진에 문제가 생겨 수리비 절반을 보태 주어야 했다. 그래도 두 사람은 1300달러의 초기 자금을 확보했고, 무엇보다 소중한 제품 설계도를 갖고 있었다. 이제 막 세상의 미래를 뒤바꿔 놓을 둘만의 회사가 탄생할 참이었다.

잡스와 워즈는 전혀 다른 사람이었다. 워즈는 전자공학의 천재였지만 사교성이 부족해서 사람을 상대하는 일을 싫어했고 사업적인 감각도 부족했다. 반면 잡스는 때로 독선적이고 냉정하고 혹독하기도 했지만 반드시 목표를 달성하고야 마는 사람이었으며 비즈니스 감각이 뛰어났다. 전혀 다른 워즈와 잡스는 함께함으로써 서로의 부족함을 채워 주는 훌륭한 파트너였다.

바이트 애플

그 무렵 잡스는 오리건 주의 사과 농장인 올 원 팜에서 선(禪) 애호가들과 시간을 자주 보냈다. 잡스가 사과나무 가지치기를 하고 돌아오는 길에 워즈가 공항으로 마중을 나왔다. 차를 타고 돌아가는 길에 워즈가 말했다.

"매트릭스는 어때?"

다음 날은 잡스가 사업 등록 서류를 제출하기로 한 날이었다. 그 전까지 반드시 이름을 정해야 했다.

"너무 기술적인 느낌 아니야?"

"그럼 이그제큐텍(Executek) 같은 건 어때? 나는 퍼스널 컴퓨터스도 괜찮은 건 같은데."

"퍼스널 컴퓨터스…… 그건 너무 평범하잖아."

"너는 뭐 생각한 것 없어?"

잡스의 시선이 문득 사과를 향했다. 그 무렵 과일만 먹고 있던 잡스는 농장에서 사과를 잔뜩 가져오는 길이었다.

"애플……."

잡스가 사과를 보면서 몇 번이나 중얼거렸다. 그러더니 환한 얼굴로 말했다.

"기막힌 생각이 떠올랐어. 애플 어때? 애플 컴퓨터."

"애플, 애플 컴퓨터."

워즈 생각에도 단순하면서도 품위가 느껴지는 이름이었다.

"애플은 재밌으면서도 생기가 느껴지지 않아? 또 컴퓨터란 말의 강한 느낌도 없애 주는 것 같고. 그리고 말야."

잡스가 무슨 생각을 했는지 눈을 찡긋거리며 한마디 덧붙였다.

"애플은 있지, 전화번호부에 아타리보다 더 먼저 나와."

워즈도 애플이라는 이름이 마음에 들었다. 그러나 마음에 걸리는 게 있었다.

"애플이라는 이름은 이미 있어."

그렇긴 했다. 1968년에 비틀즈가 애플레코드 사와 모기업인 애플 사를 설립했던 것이다. 조심성이 많은 워즈는 혹시라도 나중에 법적 분쟁이 일어나지 않을까 걱정스러웠다.

“거기는 레코드 사잖아. 우리는 컴퓨터를 만들고. 분야가 전혀 다른데 무슨 상관이야.”

잡스의 마음은 이미 애플로 완전히 기운 뒤였다.

“하지만…….”

“좋아, 좋아. 그럼 내일 오후 다섯 시까지는 더 생각해 보자. 만약 그때까지도 더 좋은 이름이 생각나지 않으면 애플로 하는 거다. 동의하지?”

다음 날 오후 다섯 시, 사업 등록 서류를 제출하러 가기 직전까지 더 좋은 이름은 떠오르지 않았다. 결국 애플이 두 사람이 처음 설립한 회사의 이름이 되었다.

애플의 로고는 한 입 베어 문 사과 모양인 ‘바이트 애플(Bite Apple)’이다. 바이트(Bite)는 컴퓨터의 비트(Bit) 혹은 바이트(Byte)와 발음이 비슷해서 사람들에게 더 친숙하게 느껴졌다. 오늘날 전 세계의 사람들은 바이트 애플을 보면 애플을 떠올린다.

회사를 설립하기는 했지만 워즈는 전적으로 사업에 뛰어들 준비가 되어 있지 않았다. 그는 계속 HP 직원으로 일하겠다고 밝혔다. 잡스는 워즈를 설득하는 한편, 나중에 의견 갈등이 생길 경우 중재해 줄 사람이 필요하다고 생각했다. 그래서 끌어들인 것이 아타리에서 친하게 지낸 론 웨인이었다. 웨인은 자기 사업을 해 본 경험도 있었다. 웨인은 워즈가 HP를 계속 다닐 것인가, 그만둘 것인가보다 더 중요한 문제가 있다는 것을 간파했다.

"이봐, 스티브. 스티브 워즈니악이 HP 직원인가 아닌가는 중요하지 않아. 중요한 것은 그가 설계한 고안물에 대한 소유권을 우리 애플이 갖는 거야."

웨인은 핵심 사항을 잡스에게 말했다.

워즈는 돈보다 자신의 기술이 널리 알려지는 것을 더 좋아했다. 그래서 그것을 다른 응용 프로그램에 사용하거나 혹은 HP가 사용하도록 허락하고 싶어 했다. 하지만 잡스와 웨인은 워즈가 발명한 그 회로들이 애플사의 핵심이 될 것임을 알고 있었다.

세 사람은 웨인의 아파트에 모여 두 시간 동안 그 문제를 놓고 대화를 나눴다. 웨인은 워즈를 설득하는 데 일가견이 있었다.

"이봐, 훌륭한 엔지니어는 훌륭한 마케팅 전문가와 팀을 이뤄 협력해야만 기억될 수 있는 거야. 아무 데나 자기 기술을 넘겨 준다고 해서 기억되는 게 아니라고."

오랜 설득 끝에 마침내 워즈는 자신의 고안물에 대한 소유권을 애플에 넘겼다. 잡스는 워즈를 설득한 공로로 회사 지분의 10퍼센트를 웨인에게 주었다.

며칠 뒤, 잡스는 홈브루 컴퓨터 클럽 회원들에게 워즈가 새로 만든 회로 기판을 직접 보여 주며 제품을 설명했다.

"이건 알테어와 달리 핵심 부품이 모두 장착되어 있는 일체형 컴퓨터입니다. 이렇게 근사한 기계에 대해 사람들은 과연 얼마를 지불할 용의가 있을까요?"

잡스의 관심은 바로 거기에 있었다. 그러나 클럽 회원들의 반응은 신통치 않았다.

"인텔 8080이 아니라 값싼 마쿨라로프로세서를 장착했다고? 그게 무슨 가치가 있겠어?"

단 한 사람, 폴 테럴은 이 제품에 관심을 보였다.

"50개를 주문하겠소. 단 조건이 있어요. 필요한 칩을 직접 사서 직접 조립해야 하는 50달러짜리 인쇄 회로를 살 고객은 몇 명 되지 않아요. 내가 원하는 것은 완전히 조립된 완제품이오. 완제품을 가져오면 납품과 동시에 현금으로 개당 500달러를 지급하겠소."

개당 500달러에 50개라면 무려 2만 5000달러였다. 그중 1만 5000달러는 부품값으로 들어갈 테지만 1만 달러의 이윤이라면 대단한 수확이었다. 당시 애플의 총자본금이 불과 1300달러였다.

문제는 부품 값이었다. 워즈의 친구인 앨런 바움과 그의 아버지가 5000달러를 빌려 주기로 했다. 잡스는 대출을 받아 볼까 싶어 은행을 찾아갔다. 대출 담당자는 장발에 맨발인 잡스를 보고 기함을 하며 일언지하에 거절했다. 잡스는 전에 아르바이트를 했던 홀테드 부품상에도 찾아갔다.

"부품을 제공해 주시면 저희 애플사의 지분을 드릴게요."

홀테드의 사장은 자칭 사업가라는 꾀죄죄한 젊은이를 무시하며 돌려보냈다. 잡스가 다음으로 찾아간 곳은 아타리였다. 앨 알콘은 잡스와 가까운 사이였음에도 역시 냉정한 사업가였다. 아타리에서까지 거절당한 잡스는 지치지도 않고 여기저기 부품상을 찾아다녔다. 크레이머 일렉트로닉스라는 부품상의 지배인은 초라한 행색의 잡스를 의심스럽게 쳐다보았다.

"제가 정말 바이트 숍에서 2만 5000달러치 주문을 받았다니까요. 폴 테럴과 전화해 보세요. 그러면 확인하실 수 있잖아요."

그러나 폴은 상점에 있지 않았다. 잡스는 폴이 참석한 행사장 전화번호를 알아내 그리로 전화를 했다. 폴은 장내 방송으로 자기에게 전화가 왔다는 소식을 들었다.

"폴 테럴 씨요?"

"네. 제가 폴 테럴입니다만, 누구십니까?"

"아, 저는 크레이머 일렉트로닉스의 지배인입니다. 꾀죄죄한 애송이가 찾아와서는 당신에게 2만 5000달러치 주문을 받았다고 하는데 그게 사실입니까?"

폴은 맨발의 청년 잡스를 떠올렸다.

"네. 사실입니다."

전화를 끊고 난 지배인은 아직도 미심쩍다는 듯 맨발의 청년을 아래위로 훑어보았다. 행색은 초라했지만 눈빛과 태도만큼은 당당했다. 이윽고 지배인이 고개를 끄덕였다.

"좋소. 단 30일 내로 외상값을 갚아야 합니다."

마침내 잡스와 워즈의 첫 작품, '애플 I '이 탄생했다.

애플의 마케팅 철학

1976년 노동절을 앞둔 주말, 애틀랜틱시티의 한 낡은 호텔에서 제1회 개인용 컴퓨터 축제가 열렸다. 개인용 컴퓨터 시대를 예고하는 축제였다. 워즈는 행사장에서 오가는 전문적인 비즈니스 용어에 그만 주눅이 들고 말았다. 그래서 그는 행사 기간 거의 내내 호텔 방에서 애플Ⅱ의 시제품을 만지작거리며 보냈다. 반면 잡스는 경쟁 제품들을 시찰하기 위해 행사장을 분주히 돌아다녔다. 여러 컴퓨터들을 비교하는 동안 잡스는 중요한 것을 깨달았다.

'애플 컴퓨터의 다음 버전은 멋진 케이스와 키보드, 전원 장치, 소프트웨어, 모니터까지 갖춘 일체형으로 만들어야 해. 최초의 통합 패키지형 컴퓨터를 만드는 거야. 이제 소수의 컴퓨터광들만 목

표로 해서는 안 돼. 앞에 앉자마자 바로 사용할 수 있는 제품을 찾는 사람들이 지금보다 더 많아질 거야.’

문제는 바로 디자인이었다. 그 무렵 대부분의 컴퓨터는 투박하고 칙칙한 금속 케이스였다. 잡스는 좀 더 단순하면서도 세련된 디자인을 원했다. 백화점에서 쿠진아트 브랜드의 믹서를 보는 순간 잡스의 머릿속으로 아이디어가 떠올랐다. 가벼운 플라스틱으로 만든 미끈한 케이스. 그는 홈브루 클럽 모임에서 만난 제리 매넉에게 1500달러를 주고 그런 디자인의 케이스를 부탁했다. 몇 주 후 단순하고 세련된 플라스틱 케이스가 탄생했다.

다음은 전원 공급 장치였다. 워즈는 다른 컴퓨터광들이 그렇듯 아날로그적인 것에는 관심이 없었다. 그러나 잡스는 팬이 필요 없는 전원 공급 장치를 원했다. 컴퓨터 내부의 팬이 돌아가며 내는 소리가 집중을 방해했기 때문이다. 잡스는 아타리에 찾아가 전기 엔지니어링에 대해 박식한 앨 알콘에게 도움을 청했다. 알콘은 로드 홀트라는 사람을 소개시켜 주었다. 로드는 줄담배를 피우면서 시큰둥하게 말했다.

“저, 몸값 비쌉니다.”

잡스는 로드가 대단한 사람이라는 것을 한눈에 알아보았다. 자금 사정이 신통치 않았음에도 잡스는 호언장담했다.

“돈이라면 걱정 마세요.”

몇 시간의 대화를 나눈 뒤 로드는 애플 컴퓨터의 정식 직원으로 합류했다. 로드는 기존과 전혀 다른 스위치식 전원 공급 장치를 만들었다. 오늘날 모든 컴퓨터가 로드의 방식을 사용하고 있다.

잡스는 시제품 애플Ⅱ의 문제점을 하나하나 보완해 나갔다. 일을 하면서 잡스는 어린 시절 아버지가 해 준 말을 떠올렸다.

"완벽한 전문가는 눈에 보이지 않는 부분의 완성도까지 철저하게 신경을 써야 하는 거야."

잡스는 아버지가 가르쳐 준 대로 했다. 한번은 줄이 똑바로 배열되지 않았다는 이유로 처음에 만든 설계도를 폐기한 적도 있었다. 그 완벽함 덕분에 애플Ⅱ는 나날이 진화해 갔다. 문제는 돈이었다. 애플Ⅱ의 완제품 생산 설비까지 갖추려면 20만 달러가 필요했다. 그러나 실리콘밸리의 투자자들은 덥수룩하게 수염을 기른 맨발의 히피 잡스에게 선뜻 투자하려 하지 않았다.

어느 날, 잡스의 집 앞에 세련된 금색 콜벳 컨버터블이 나타났다. 차에서 내린 것은 마이크 마쿨라로, 그는 불과 서른세 살의 갑부였다. 인텔에서 받은 주식으로 스톡옵션을 행사한 덕이었다. 워즈가 작업대 위의 뭔가를 만지작거리면서 애플Ⅱ에 대해 떠들어 대기 시작한 순간 마쿨라의 눈에는 더는 두 젊은이의 지저분한 머리 따위가 보이지 않았다. 그는 흥분해서 소리쳤다.

"사업 계획만 제대로 세우면 바로 투자하겠소. 그리고 만일 해 보지 않은 일이라 잘 못하겠다면 내가 몇 주 정도 시간을 내주지.”

잡스는 저녁마다 마쿨라의 집에 찾아가 밤늦도록 이런저런 계획들을 이야기했다.

“생각해 보게. 앞으로 얼마나 많은 집에서 PC를 쓰게 될까?”

마쿨라는 컴퓨터의 미래에 대해 잡스보다 더 거창한 생각을 갖고 있었다.

“일반 가정의 평범한 사람들에게도 컴퓨터를 제공하는 거야. 사람들이 컴퓨터로 좋아하는 요리법을 정리하고 가계부를 쓰는 그런 날이 오게 될 거라고.”

마쿨라는 야심 또한 대단했다.

“우리는 앞으로 2년 내에 『포춘』 선정 500대 기업에 들 거야. 우리는 지금 하나의 업계를 탄생시키고 있는 거라고. 이건 10년에 한 번 일어날까말까 한 일이야.”

마쿨라는 회사 지분의 3분의 1을 받는 대신 최고 25만 달러까지 은행 대출 보증을 서 주었다. 잡스와 워즈는 위험 부담을 기꺼이 끌어안은 마쿨라에게 감동을 받았다. 그뿐만이 아니었다. 마쿨라는 잡스에게 아버지와 같은 존재가 되었다. 잡스는 마쿨라로부터 마케팅과 세일즈를 배웠다. 마쿨라는 절대 돈을 벌겠다는 목표로 회사를 차려서는 안 된다고 여러 번 강조했다.

“자신의 신념을 쏟아 부을 수 있는 무언가를 만드는 것, 오래도

록 생명력을 지닌 회사로 만드는 것, 이것이 회사를 세우는 목표여야 해."

애플의 마케팅 철학을 만든 것도 마쿨라였다. 그가 정한 마케팅 철학은 고작 종이 한 쪽이었다. 마쿨라가 강조한 것은 단 세 가지였다. 다른 어떤 기업보다도 고객의 욕구를 진정으로 이해한다는 '공감', 우리가 목표로 하는 일을 훌륭하게 완수하기 위해서는 중요하지 않은 것들에서 눈을 돌려야 한다는 의미의 '집중', 그리고 마지막으로 '인상'이었다. 사람들은 책을 판단할 때 가장 먼저 표지를 본다. 책의 내용이 아무리 좋다고 해도 그것을 형편없는 방식으로 소개하면 형편없는 책으로 받아들여진다. 반면 창의적이고 전문가다운 방식으로 소개하면 그것이 최상의 품질을 갖고 있다는 '인상'을 심어 주게 된다는 것이다. 잡스는 평생 마쿨라의 가르침을 철저하게 따랐다.

애플Ⅱ, 드디어 세상에 모습을 드러내다

애플Ⅱ는 이제 막 세상으로 나오기 직전이었다. 그것이 세상을 놀라게 할 것이라는 사실을 애플 사람들은 모두 알고 있었다. 그러나 좋은 제품을 만들었다고 해서 세상이 반드시 알아주는 것은 아니라는 것도 알고 있었다. 애플Ⅱ는 세상으로 날아오를 날개가 필요했다.

어느 날, 경주용 자동차와 포커 칩을 등장시킨 인텔 광고를 보던 잡스가 느닷없이 전화를 집어 들었다.

"이 광고, 누가 만든 거지요?"

"레지스 매케나입니다."

"레지스 매케나가 뭔데요?"

"홍보 전문가 이름인데요."

"그 사람 전화번호 좀 알려 주세요."

잡스는 곧장 레지스의 사무실로 전화를 걸었다. 그는 자리에 없었고, 대신 다른 광고 기획자 프랭크 바지와 연결되었다.

"우리 애플 사의 광고를 맡아 주세요."

"어디라고요?"

"애플 사라고, 개인용 컴퓨터를 만드는 회삽니다."

프랭크는 이름도 없는 회사의 광고 의뢰를 단번에 거절했다.

"그쪽 회사 규모에 어울리는 광고 회사를 알아보시는 게 좋겠습니다."

프랭크는 잡스가 얼마나 끈덕진 사람인지 물론 알지 못했다. 잡스는 하루에도 서너 번씩 전화를 걸어서 정중하게 말했다.

"우리 회사에 오셔서 직접 애플 II 제품을 보시면 생각이 달라질 거예요."

마침내 프랭크는 생각했다.

'정말 보통내기가 아니야. 이렇게 끈기 있는 사람이라면 최소한 몇 시간 정도를 내줘야 실례가 되지 않는 걸까?'

어느 날, 프랭크는 애플 II를 직접 보기 위해 잡스의 차고를 방문했다. 잡스는 장발에 덥수룩하게 수염이 자란 얼굴로 프랭크를 맞았다.

"생각해 보세요. 집집마다 컴퓨터가 있는 세상을요. 이제 컴퓨터는 더 이상 소수 마니아들을 위한 게 아니에요. 머지않아 누구나 컴퓨터를 쓰는 세상이 올 겁니다. 우리는 한 사람 한 사람이 세상의 주인이 되는 그런 세상을 만들려는 거예요. 애플Ⅱ가 그런 세상의 출발을 알리는 신호탄이 될 겁니다."

잡스는 애플Ⅱ의 기술적 장점에 대해 열정적으로 설명하기 시작했다. 설명을 다 듣고 난 프랭크가 절레절레 머리를 흔들었다.

"나는 당신의 말을 50분의 1도 이해하지 못하겠소. 하지만 당신이 대단히 똑똑한 사람이라는 것만은 확실히 알겠군요. 당신이 원하던 레지스 매케나를 만나게 해 드리죠."

그렇게 해서 잡스는 레지스 매케나를 만나게 되었다. 매케나는 워즈가 어떤 잡지에 실으려고 쓴, 애플에 관한 글을 대강 훑어보고는 이렇게 말했다.

"너무 기술적인 글이군요. 좀 더 흥미로운 문체로 다듬어야겠는데요."

평소 부끄럼을 많이 타는 워즈가 그날따라 발끈했다.

"광고쟁이가 제 글에 손대는 것은 절대 반대입니다."

그렇지 않아도 귀찮아하던 매케나가 기다렸다는 듯 대꾸했다.

"그럼 더는 이야기할 필요도 없겠군요. 그만 제 방에서 나가 주시오."

잠시 후 매케나에게 잡스의 전화가 걸려 왔다.

"정말 죄송합니다만 꼭 한 번만 다시 만나 주십시오. 부탁합니다."

옆에 있던 프랭크가 절레절레 고개를 저었다.

"방법이 없어. 거머리야. 만나 줄 때까지 날마다 전화를 해 올걸. 빨리 만나 주는 게 상책이야."

별수 없이 매케나는 애플의 일을 맡을 수밖에 없었다. 유능한 광고 제작자인 매케나는 애플의 주 고객층을 정확하게 꿰뚫어 보았다. 그의 견해는 잡스의 생각과도 정확히 일치했다. 애플Ⅱ의 주 고객층은 컴퓨터 애호가가 아니라 일반 남성 전체였다. 그렇다면 그에 맞는 광고 매체가 필요했다. 매케나의 발상은 가히 혁명적이었다.

"애플Ⅱ의 광고는 『플레이보이』에 실을 겁니다. 보통 남자들이 가장 선호하는 대중매체니까요."

엉뚱하기로는 둘째가라면 서운할 잡스조차 감탄을 금치 못했다. 『플레이보이』에 컴퓨터 광고를 싣다니. 그것만으로도 충분히 화제가 될 터였다.

매케나의 공로는 그뿐만 아니었다. 세계적으로 유명한 애플의 로고를 만든 것도 바로 그였다. 매케나는 애플Ⅱ 팸플릿 위쪽에 레오나르도 다빈치가 말한 문구를 새겨 넣었다.

'단순함이란 궁극의 정교함이다.'

다빈치의 이 말은 잡스가 지향하는 디자인 철학의 핵심이기도 했다.

1977년 4월, 샌프란시스코에서 제1회 서부 연안 컴퓨터 박람회가 열렸다. 잡스는 박람회 개최 소식을 듣자마자 재빨리 참가 신청을 했다. 그는 좋은 자리를 선점하기 위해 무려 5000달러나 썼다. 부스를 꾸미는 데도 5000달러가 들어갔다. 다른 회사들은 간이 테이블과 포스터보드를 활용한 표지판으로 전시 공간을 구성했다. 그러나 애플은 카운터에 검은색 벨벳을 두르고, 커다란 플렉시 유리판에 새 로고를 그려 넣고, 뒤에서 조명을 비추었다. 전시 공간에 이렇게 큰돈을 쓴 것은 사람들에게 강렬한 기억을 남김으로써 훌륭한 회사라는 '인상'을 심어 주는 것이 중요하며, 특히 새로운 제품을 소개할 때는 더욱 그렇다는 마쿨라의 조언 때문이었다. 워즈는 눈에 잘 띄는 제일 앞쪽 자리를 차지하기 위해 5000달러나 썼다는 잡스의 말에 깜짝 놀랐다. 이렇게 하고도 적자가 나지 않을지 걱정하는 워즈에게 잡스는 이렇게 말했다.

"이 행사에 애플의 운명이 걸려 있어. 우리가 훌륭한 컴퓨터를 만드는 훌륭한 회사라는 사실을 오늘, 이 자리에서 반드시 세상에 알려야만 해."

드디어 막이 열리고 관람객들이 모여들기 시작했다. 관람객들은 예술품처럼 아름다운 애플Ⅱ의 모습에 넋을 잃었다. 직원이 케이스를 열자 관객들 사이에서 탄성이 터져 나왔다. 62개의 칩과 집적회로들이 메인보드 하나에 연결된 데다 납땜 라인까지 깔끔하게 정리되어 있었던 것이다. 보이지 않는 곳까지 완벽해야 한다는 잡스의 고집이 낳은 결과였다. 그날 박람회장에서 애플은 무려 300대의 주문을 따냈다. 그 뒤로도 애플 II는 날개 돋친 듯 팔려 나갔다. 바야흐로 애플의 세상이었다.

스물다섯 살의 갑부

1979년 12월, 잡스 일행은 제록스의 펠러앨토 연구 센터(PARC)를 방문했다. 애플 임원들의 방문이 성사될 수 있었던 것은 모두 잡스의 공로였다. 제록스의 벤처 투자 부문이 애플에 투자하고 싶다는 의사를 보이자 잡스는 이렇게 제안했다.

"PARC의 핵심 기술에 접근할 수 있게 해 준다면 애플에 100만 달러를 투자할 수 있게 해 드리죠."

제록스는 기꺼이 그 제안을 받아들였다. 제록스는 1주당 10달러로 애플 주식 10만 주를 구매했는데 1년 뒤 이 주식은 무려 1760만 달러로 상승했다. 하지만 이 거래에서 더 큰 이익을 얻은 쪽은 애플이었다.

제록스의 연구원 아델 골드버그는 제록스 본사 간부들이 핵심 기술을 외부인에게 공개하는 게 문제가 있다고 생각했다. 그래서 최소한의 것만 보여 주었다. 잡스는 본사에 전화를 걸어 더 많은 것을 보여 달라고 요구했다.

며칠 후 잡스 일행은 다시 PARC를 방문했다. 이번에는 잡스의 총애를 받고 있는 빌 앳킨슨을 포함하여 더 많은 엔지니어들과 함께였다. 골드버그의 팀원인 엔지니어는 워드 프로세싱 프로그램을 다양하게 보여 주었다. 잠시 후 잡스가 버럭 고함을 질렀다.

"이제 시시한 짓 좀 그만둡시다!"

워드 프로세싱 프로그램은 잡스도 이미 다 아는 기술이었다. 뭔가 그 이상이 필요했다. 결국 PARC 팀원들은 핵심 기술을 맛보기로 살짝만 보여 주기로 했다.

"이 정도면 눈이 휘둥그레지겠지. 비밀 핵심 정보에 접근하지 못했다는 것을 절대 눈치채지 못할 거야."

그러나 핵심 기술에 대한 소개가 끝나자 잡스가 굳은 얼굴로 제록스의 벤처 투자 부문 책임자에게 전화를 걸었다.

"이게 뭡니까? 애플은 당신네가 핵심 기술에 접근하게 해 준다고 했기 때문에 투자를 받아들인 겁니다."

잠시 후 본사에서 전화가 걸려 왔다. 잡스 일행에게 모든 것을 공개하라는 전화였다. 분노한 골드버그는 문을 박차고 나가 버렸다.

마침내 베일에 가려져 있던 PARC의 핵심 기술이 공개되었다. 잡스는 너무 흥분해서 자리를 박차고 일어나 사무실 안을 휘젓고 돌아다녔다. 화면이 바뀔 때마다 그는 감탄사를 내질렀다.

“제록스는 지금까지 뭘 하고 있었던 거죠? 이 기술을 왜 지금까지 상업화하지 않은 겁니까?”

잡스는 자신이 제록스의 경영진이라도 되는 듯 성질을 냈다.

“당신들은 돈방석 위에 앉아 있다고요. 대체 왜 이걸 활용하지 않느냔 말입니다.”

PARC의 기술은 여러 가지로 놀라웠지만 그중에서 잡스와 애플 엔지니어들을 사로잡은 것은 그래픽 인터페이스와 비트맵 방식이었다. PARC의 설명회를 보는 동안 잡스는 눈앞을 가리고 있던 부연 안개가 말끔히 걷히는 것 같았다. 그 무렵 그는 애플Ⅱ를 뛰어넘는 자신만의 컴퓨터를 만들기 위해 애쓰는 중이었다. 그러나 애플Ⅲ도 리사 프로젝트도 모두 실패로 돌아갔다. 그런데 새로운 길이 보인 것이다.

빌 앳킨슨과 자동차를 타고 사무실로 돌아가는 잡스는 완전 흥분 상태였다. 차가 얼마나 고속으로 달리고 있는지조차 의식하지 못했다. 차 속도가 점점 올라갔고, 잡스의 말과 생각도 점점 빨라졌다.

“그래, 바로 그거야!”

불쑥 그가 소리쳤다.

"우리가 그걸 해야 해!"

잡스의 머릿속에는 이미 세련되고 친근한 디자인을 갖춘, 그러면서도 현대식 주방 용품처럼 사용하기 쉬운 그런 컴퓨터가 탄생하고 있었다.

"PARC에서 본 걸 우리 컴퓨터에서 구현하는 데 얼마나 걸리겠나?"

"글쎄요, 한 6개월?"

앳킨슨이 대답했다. 그 역시 PARC에서 본 신기술 때문에 잡스만큼이나 흥분한 상태였다.

애플이 PARC의 기술을 가져다 쓴 것은 IT업계 역사상 가장 의미심장한 도둑질이었다. 잡스는 그 사실을 자랑스럽게 인정하곤 했다. 그는 종종 피카소의 말을 인용했다.

"피카소는 '좋은 예술가는 모방하고 위대한 예술가는 훔친다'고 말했습니다. 우리는 훌륭한 아이디어를 훔치는 것을 부끄러워한 적이 없습니다."

PARC를 방문한 며칠 후, 잡스는 한 산업디자인 회사를 찾아가 창업자인 딘 허비를 만났다.

"버튼이 하나인 마우스를 15달러에 만들어 주세요."

그러고는 얼른 덧붙였다.

"매끈한 테이블 위나 청바지 위에서도 부드럽게 움직일 수 있어야 합니다.”

이것이 잡스와 제록스의 차이였다. 잡스와 애플 팀원들은 PARC에서 본 그래픽 인터페이스를 현저히 개선하고, 그것을 제록스가 전혀 상상하지 못한 방식으로 실제 제품에 구현했다. 제록스에서 본 마우스는 버튼이 세 개였고 조작하기 복잡했으며 단가도 무려 300달러였다. 그것을 잡스는 15달러의 간편한 마우스로 변화시킨 것이다.

또한 PARC의 마우스는 모니터 화면상의 창을 끌어서 이동시킬 수 없었다. 애플의 엔지니어들은 창이나 파일을 끌어서 이동시킬 수 있을 뿐 아니라 그것을 폴더 안에 집어넣을 수도 있는 인터페이스를 개발했다. 또한 제록스 시스템에서는 창의 크기를 변경하려고 해도 명령어를 선택해야 했다. 그러나 잡스가 원한 것은 더 편리한 방식이었다.

“이게 아니야. 직접 해당 대상을 가리키거나 조작할 수 있어야 해. 끌어다가 위치를 바꿀 수 있어야 한다고.”

잡스는 애플의 엔지니어들을 달달 들볶았다.

어느 날 새벽 네 시, 앳킨슨은 시끄럽게 울어 대는 전화벨 소리 때문에 깊은 잠에서 깨어났다. 이 시간에 전화할 사람이라곤 단 하나, 잡스뿐이었다.

“이봐, 마우스가 사방 좌우로 움직이게 만들 수는 없을까? 그러면 스크롤이 훨씬 부드러워질 텐데 말이야."

아마 잡스는 밤새도록 이 궁리 저 궁리 하다가 불쑥 아이디어가 떠올라 전화를 한 것일 터였다. 그에게 시간 따위는 문제가 아니었다.

"예. 담당자에게 알아보고 보고하겠습니다."

다음 날, 앳킨슨은 담당 엔지니어에게 잡스의 요구 사항을 전했다. 담당자는 질린 얼굴로 고개를 저었다.

"그런 마우스는 불가능합니다."

당시 마우스는 휠이 두 개 달린 것으로 상하좌우로만 움직일 수 있었다. 잡스가 원한 것은 볼을 사용하는 마우스였고, 당시에는 아무도 그런 마우스를 상상하지 못했다. 앳킨슨은 담당자의 말을 잡스에게 전했다. 담당자는 곧바로 해고되었다.

후임으로 온 엔지니어는 빌 앳킨슨의 설명을 듣자마자 이렇게 말했다.

"저는 그 마우스를 만들 수 있습니다."

잡스는 엔지니어들에게 언제나 무리한 것을 요구했다. 그에게 중요한 것은 기술의 한계가 아니라 제품을 사용하는 소비자들의 편리였다. 그의 머릿속은 어떻게 하면 컴퓨터를 더 쓰기 쉽고 편리하게 만들 수 있을지에 관한 온갖 아이디어들로 들끓었고, 그는 생각이 떠오르는 즉시 엔지니어들을 몰아붙였다. 기술적으로 풀어내기에는 당연히 한계가 있을 수밖에 없었다. 그러나 잡스에게는 통하지 않았다. 그는 점점 더 무리한 요구를 하는 폭군으로 변해 갔다. 자신의 말을 제대로 알아듣지 못하거나 못하겠다고 하는 직원들에게 그는 거침없이 소리를 질렀다.

"이 바보 멍청이!"

회사 내에서 잡스는 점점 고립되어 갔다. 그러나 애플은 눈부신 성장을 거듭하는 중이었다. 1980년 12월 12일, 애플은 주식을 공개했다. 애플의 기업 공개에는 1956년 포드 자동차 공모 이래 가장 많은 투자자들이 몰려들었다. 투자은행들이 결정한 공모가는 주당 22달러였다. 첫날 애플의 주가는 29달러까지 올라갔다. 스물다섯 살의 잡스는 2억 5600만 달러를 가진 부자가 되었다. 애플의 기업 가치는 무려 17억 9000만 달러에 달했다. 이날, 백만장자가 300명이나 탄생했다. 불과 3년 전인 1977년 1월, 마이크 마쿨라가 합류해 애플 컴퓨터 주식회사를 출범시켰을 때, 애플의 가치는 고작 5309달러였다.

애플이 급성장하면서 잡스도 점차 유명세를 탔다. 처음으로 잡스를 표지에 실은 『아이앤시』 1981년 10월 호는 "비즈니스를 영원히 바꿔 놓은 인물"이라고 그를 소개했다. 『타임』 1982년 2월호에는 젊은 기업가들을 다루는 기사가 실렸는데, 여기서는 잡스가 "사실상 혼자 힘으로 PC 업계를 창조했다"고 적혀 있다.

그러나 잡스는 불안했다. 애플Ⅱ가 언제까지나 승승장구할 리 없었고, 무엇보다 그것은 워즈의 작품이었다. 잡스는 자신의 컴퓨터를 만들고 싶었다. 그것도 '우주에 흔적을 남길 수 있는' 혁신적인 컴퓨터를.

4장

위대한 시련

맥의 악동들

애플의 사장 마이크 스콧은 책상 위에 놓인 글을 물끄러미 바라 보았다. 스콧이 사장으로 취임한 것은 1977년이었다. 애플의 3대 주주 중 한 사람이었던 마이크 마쿨라는 잡스의 독선적인 성격이 점점 더 심해지자 내셔널 반도체의 제조 부분 책임자였던 스콧을 사장으로 영입했다. 워즈도 흔쾌히 동의했고, 잡스는 어쩔 수 없이 두 사람의 견해에 따랐다. 그러나 잡스의 문제는 나날이 심각해졌다.

스콧이 보고 있는 글은 매킨토시 팀을 이끌고 있는 제프 래스킨이 보낸 것이었다. 래스킨이 보낸 글의 제목은 이러했다.

'스티브 잡스와 함께, 또는 그의 밑에서 일한다는 것.'

스콧은 한숨을 내쉬며 글을 읽어 내려갔다.

그는 끔찍한 관리자입니다. 그는 생각 없이 행동하고 잘못된 판단을 내립니다. 마땅히 인정받아야 할 사람에게 공로를 돌리지도 않고요. 누군가 새로운 아이디어를 제시하면 그는 곧바로 그것이 형편없고 심지어는 바보 같은 생각이라며 폄훼하기 일쑤입니다.

더 읽지 않아도 내용은 뻔했다. 문제는 지금 래스킨과 잡스가 매킨토시 개발팀을 놓고 서로 다툰다는 것이었다. 매킨토시는 래스킨이 대중을 위한 저렴한 컴퓨터, 단순한 그래픽 인터페이스와 깔끔한 디자인을 갖춘 컴퓨터라는 비전을 내걸고 추진 중인 프로젝트였다. 매킨토시의 비전은 곧 잡스의 비전이기도 했다. 잡스는 래스킨이 시도하고 있는 일에 대해 사사건건 트집을 잡기 시작했다. 결국 참다못한 래스킨이 사장에게 이 분쟁을 조정해 달라고 요청한 것이다.

스콧은 이미 계산이 끝난 상태였다. 얼마 전 잡스는 리사 프로젝트에서 손을 떼야 했다. 물론 스콧의 결정이었다. 이번에는 잡스를 달래 줄 필요가 있었다. 게다가 맥 프로젝트는 멀리 떨어진 건물에서 진행되는 사소한 프로젝트였고, 잡스를 그곳으로 보내 놓으면 여러모로 좋을 터였다. 결국 래스킨은 회사를 떠나야 했다.

잡스 또한 스콧의 마음을 간파하고 있었다. 경영진은 자신을 달래서 작은 장난감 하나를 갖고 놀라고 던져 준 셈이었다. 그러나 잡스는 개의치 않았다. 처음 시작했던 그 허름한 차고로 돌아가는 기분이었다. 그곳에서 소외된 팀을 데리고 자기 마음대로 할 수 있다는 게 그는 썩 마음에 들었다.

잡스는 애플Ⅱ 팀의 앤디 허츠펠드를 찾아갔다. 선한 인상에 장난기가 가득한 얼굴이었다. 잡스가 대뜸 그에게 물었다.

"프로그래밍 좀 하나요? 맥 팀에 진짜 실력 있는 친구들이 필요하거든."

허츠펠드는 자신 있게 대답했다.

"물론이죠. 굉장히 쓸 만합니다."

바로 그날 오후 잡스가 또다시 찾아왔다.

"이제부터 당신은 맥 팀이에요. 빨리 따라오세요."

하지만 허츠펠드는 하고 있던 작업을 마무리할 시간이 며칠 필요했다.

"매킨토시보다 중요한 게 어디 있어요?"

"하지만 다른 사람에게 인수인계라도 해야 할 것 아닙니까?"

잡스는 버럭 소리를 질렀다.

"시간 낭비예요. 애플Ⅱ 따위가 뭐가 중요하다는 거요? 그건 몇 년 안에 사장될 모델이야. 애플의 미래는 바로 매킨토시에 있어요. 당장 갑시다."

잡스는 허츠펠드가 작업하고 있던 컴퓨터의 전원 코드를 확 잡아당겼다. 그 바람에 작성하고 있던 코드가 다 날아갔다. 허츠펠드는 어안이 벙벙한 채 잡스에게 끌려갔다.

잡스는 사람을 채용할 때 열정을 제일 우선으로 쳤다. 그는 입사 지원자가 오면 천으로 덮인 맥의 원형 제품이 놓여 있는 방으로 데려갔다. 그러고는 휙 천을 벗긴 다음 지원자의 반응을 관찰했다. 지원자가 눈을 빛내며 마우스를 조작하고 클릭하면 합격이었다. 지원자의 입에서 '와우!'라는 감탄사가 터져 나오면 최고였다.

1981년 초, 맥 팀의 구성원은 스무 명으로 늘어났다. 잡스는 여전히 독선적이었지만 이 팀은 그전의 애플 직원들과 조금 다른 점이 있었다. 이들은 차츰 잡스의 열정에 물들어 갔다.

앤디 허츠펠드는 맥 팀에 합류하자마자 처리해야 할 엄청난 양의 업무에 대해 브리핑을 받았다.

"잡스는 이 모든 일을 1982년 1월까지 완수하기를 바랍니다."

허츠펠드가 비명을 질렀다.

"말도 안 돼요. 이건 도저히 가능한 일이 아니라고요."

그러자 맥 팀의 한 사람이 묘한 웃음을 지으며 대답했다.

"잡스는 반대 의견을 절대 수용하지 않아요. 그런데 말이죠. 잡스의 이야기를 10분만 듣고 나면 당신도 할 수 있다고 고개를 끄덕이고 있을걸요. 우리 맥 팀은 그걸 '현실 왜곡장'이라고 불러요. 〈스타 트렉〉에 나오는 현실 왜곡장 말이에요. 그 사람이 나타나면 갑자기 현실이 이상해져요. 그래서 그의 말에 동의하게 되는 거죠."

허츠펠드는 처음에 그 말을 믿지 않았다. 그러나 2주 동안 잡스가 일하는 모습을 보고 난 뒤 맥 팀의 평가에 완전히 수긍했다. 잡스와 함께 있으면 마치 최면에 걸린 듯한 느낌이었다. 잡스는 현실적으로 가능한가 아닌가를 고민하는 사람이 아니었다. 그는 필요하면 어떤 식으로든 가능하게 만드는 사람이었다.

맥 팀은 '바보 멍청이'라는 말을 서슴지 않는 잡스와 일을 하면서 점점 강해졌다. 1981년부터 그들은 매년 잡스에게 가장 당당하게 맞선 사람을 뽑아 상을 수여했다. 첫해에 상을 탄 사람은 조애나 호프먼이었다. 한번은 잡스가 그녀의 마케팅 계획을 자기 마음대로 마구 수정해 놓았다. 잔뜩 화가 난 그녀는 잡스의 사무실로 달려갔다. 계단을 오르면서 그녀는 잡스의 비서에게 소리쳤다.

"그의 심장에 칼을 꽂아 버릴 거야!"

당황한 사람들이 그녀를 말리기 위해 잡스의 사무실로 몰려갔다. 뜻밖에 잡스는 그녀의 이야기를 끝까지 들었고, 자신의 의견을 철회했다. 잡스는 자기 의견을 강하게 드러내는 사람을 좋아했고, 그러면 귀담아듣는 경향이 있었다.

나중에 이 상에 대한 이야기를 들은 잡스는 웃음을 터뜨렸다.

다른 사람들과 달리 맥 팀은 잡스를 잘 이해했다. 하루는 잡스가 앳킨슨의 부하 엔지니어에게 들이닥치더니 평소처럼 성질을 냈다.

“이건 완전 쓰레기잖아!”

그러자 그 엔지니어가 이렇게 말을 받았다.

“아닙니다. 그게 최선의 방식입니다. 보십시오.”

그는 자신이 하려고 하는 일에 대해 차분하게 설명했다. 그러자 잡스가 물러섰다. 앳킨슨은 자신의 팀에게 잡스의 말은 통역기를 거쳐서 들어야 한다고 가르쳤다.

“잡스가 이거 쓰레기잖아, 라고 하는 건 이게 왜 최선의 방법인지 설명해 보라는 뜻이야. 그러니 당황하지 말고 네 생각을 차분하게 설명하라고.”

앳킨슨은 잡스의 방식이 엔지니어들을 더 고민하게 만드는 힘이 있다는 것을 간파한 것이다. 잡스는 기술자가 아니었다. 그러나 직관적으로 문제를 찾아내는 탁월한 힘이 있었다. 잡스의 비판을 들은 엔지니어들은 종종 더 나은 해결책을 찾아내곤 했다.

어느 날, 잡스는 매킨토시 운영 체제를 개발하고 있던 엔지니어 래리 케니언의 작업실로 찾아갔다.

“부팅하는 데 시간이 너무 오래 걸리지 않아? 켜 놓고 화장실을 다녀와도 될 정도야.”

케니언이 변명을 하려고 하자 잡스가 얼른 말을 막고는 똑바로 눈을 응시했다.

“만약 그걸로 한 사람의 목숨을 살릴 수 있다면 부팅 시간을 10초

줄일 방법을 찾아볼 의향이 있나?”

“뭐 그렇다면 그러려고 할 것 같은데요.”

잡스는 화이트보드 앞으로 다가가 느닷없이 숫자를 적기 시작했다.

“만약 맥 사용자가 500만 명인데 컴퓨터를 부팅하는 데 매일 10초를 덜 사용한다면 말이야. 그들이 절약할 수 있는 시간이 연간 3억 분이야. 이건 100명의 사람들의 일생에 해당하는 시간이지.”

케니언은 잡스의 말에 깊은 인상을 받았다. 몇 주 후, 그는 부팅 시간을 무려 28초나 앞당겼다.

“이 머저리, 도대체 제대로 하는 게 하나도 없어!”

틈만 나면 잡스는 이렇게 소리를 질렀다. 그러면 맥 팀원들은 세상에서 가장 멋진 제품을 만들기 위해 더욱 노력했다. 그들은 ‘주 90시간 근무, 너무 행복하다!’라고 쓰인 티셔츠를 단체로 만들어 입었다. 잡스에 대한 두려움과 그를 만족시키고 싶다는 강렬한 욕구가 결합되어 맥 팀은 스스로 기대한 이상의 결과를 만들어 냈다.

단순함이란 궁극의 정교함이다

1981년 3월의 어느 날, 잡스는 맥 컴퓨터의 원형 모델을 앞에 둔 채 크리에이티브 서비스 책임자 제임스 패리스와 열띤 토론을 하고 있었다.

"유행을 타지 않는 클래식한 느낌을 줘야 해. 폭스바겐의 비틀처럼 말이야."

잡스는 아버지의 영향으로 클래식한 자동차들의 외관을 꿰고 있었다. 그러나 패리스는 그의 의견에 동의하지 않았다.

"아뇨. 그러면 안 됩니다. 페라리처럼 선이 관능적이어야 해요."

"페라리? 무슨 소리! 포르쉐여야지. 위대한 예술품은 사람들의 취향을 따라가는 게 아니라 오히려 만들어 내는 거야. 우리의 맥도 그래야만 해."

디자인 팀은 매주 새로운 시안을 내놓았고, 물론 번번이 퇴짜를 맞았다. 화면상의 그래픽에 대해서도 잡스는 까다로웠다. 하루는 빌 앳킨슨이 흥분한 상태로 잡스를 찾아왔다. 스크린에 원과 타원을 손쉽게 그릴 수 있는 방법을 막 발견한 것이었다. 그는 사람들 앞에서 흥분이 가라앉지 않은 상태로 자신이 찾아낸 방법을 설명하기 시작했다. 모든 사람이 깜짝 놀랄 정도로 놀라운 방법이었다. 그러나 잡스는 여전히 못마땅한 표정으로 퉁명스럽게 내뱉었다.

"글쎄, 원과 타원은 좋다 이거야. 하지만 모서리가 사각형을 그리는 건 어쩌냐고!"

이번에는 앳킨슨도 쉽게 물러서지 않았다.

"그건 어차피 불가능한 겁니다. 시도해 볼 필요조차 없습니다."

잡스가 자리에서 벌떡 일어났다.

"이 방 안을 둘러봐요!"

그는 화이트보드와 테이블을 가리켰다. 그러더니 앳킨슨의 소맷자락을 붙잡았다. 그는 앳킨슨을 거리로 끌고 나갔다.

"봐요!"

잡스는 자동차 창문과 게시판, 거리의 표지판 등을 일일이 손으로 가리켰다. 그것들은 사각형인데도 모서리가 둥글었다.

"세 블록 왔는데 열일곱 가지 예를 찾았어요."

잡스가 주차 금지 표지판 옆으로 다가가자 앳킨슨이 말했다.

"제가 졌습니다. 회장님 말씀이 옳아요. 모서리가 둥근 직사각형을 만들어 보겠습니다."

다음 날 오후 앳킨슨이 환하게 웃는 얼굴로 나타났다.

"보십시오. 드디어 해냈습니다."

앳킨슨은 잡스 앞에서 모서리가 둥근 아름다운 직사각형을 빠른 속도로 그렸다. 잡스가 고개를 끄덕이며 말했다.

"거봐요. 불가능한 건 없는 거야. 불가능하다는 그 생각이 불가능하게 만드는 거지."

앳킨슨과 잡스 덕분에 맥 이후 거의 모든 컴퓨터의 대화 상자와 창 틀은 둥근 모서리를 가지게 되었다.

잡스의 다음 관심은 활자체였다. 맥 프로젝트를 시작한 순간 잡스는 리드 대학을 중퇴한 후 들었던 캘리그래피 수업을 떠올렸다. 그 수업을 들은 것은 순전히 대학 포스터에 쓰인 글씨가 멋져 보였기 때문이었다. 그 수업에서 잡스는 여러 가지 글씨체를 배웠고, 서로 다른 글자를 조합할 때 공간을 할애하는 방법에 대해서도 배웠다. 잡스는 과학으로 설명할 수 없는 캘리그래피의 심미적이고 역사적인 미묘함에 푹 빠졌다.

수업에서 보았던 멋진 글자들을 잡스는 컴퓨터 화면에 재현하고 싶었다. 사람들은 폰트에 대한 그의 집착을 잘 이해하지 못했다. 그러나 맥의 폰트 개발을 담당한 수전 케어는 단순성을 추구하면서도 기발한 것을 좋아한다는 점에서 잡스와 죽이 잘 맞았다. 잡스는 일요일에도 불쑥 찾아왔기 때문에 케어는 휴일도 없이 일을 했다.

수전 케어는 개발한 폰트에 필라델피아 옛 통근 열차의 정거장 이름을 따 오버브룩, 메리온 등으로 이름을 붙였다. 어느 날 오후 잡스가 지나던 길에 들러 또 시비를 걸었다.

"아무도 들어 본 적이 없는 이름이잖아. 기왕이면 세계적인 도시들로 가는 게 낫지 않겠어?"

오늘날 시카고, 뉴욕, 제네바, 런던 등과 같은 폰트들이 있는 것은 바로 그 때문이다. 사람들은 폰트 따위에 시간을 낭비한다고 말했지만 매킨토시의 다채로운 폰트들은 레이저 프린터 및 그래픽 기술과 결합해 데스크톱 기반의 출판 산업을 낳았으며, 애플에도 큰 이익을 안겨 주었다. 또한 학생에서 부모에 이르기까지 수많은 일반인들이 다양한 폰트를 활용하는 재미를 알게 되었다. 그전까지 폰트는 인쇄업자나 편집자들의 전유물에 불과했다.

잡스는 창과 문서, 화면 등의 상단에 위치한 제목 표시줄에도 관심이 많았다. 앳킨슨과 케어는 수없이 반복해서 줄을 다시 디자인했다.

어느 날, 참다못한 앳킨슨이 불평을 늘어놓았다.

“더 중요한 일들이 많은데 이까짓 일에 매어 있어야겠어요?”

잡스가 버럭 소리를 질렀다.

“이까짓 것? 그걸 매일 쳐다봐야 한다는 건 생각해 보지 않았소? 사소한 게 아니라고. 제대로 해야 되는 거란 말이오!”

크리스 에스피노사라는 직원은 디자인에 대한 잡스의 집착과 통제를 모두 만족시킬 수 있는 방법을 찾아냈다. 그는 잡스의 설득에 넘어가 버클리 대학교를 중퇴하고 맥 팀에 합류한 사람이었다. 그는 자발적으로 컴퓨터에 계산기를 추가하기로 했다. 크리스가 계산기를 보여 주었고, 다들 숨을 죽인 채 잡스의 반응을 기다렸다. 크리스가 만든 것은 ‘스티브 잡스 자신만의 계산기 만들기’ 프로젝트였다. 사용자가 스스로 선의 굵기나 버튼의 크기, 배경 등을 바꿀 수 있는 프로그램이었다. 모두들 잡스가 웃음을 터뜨릴 거라고 기대했지만 그는 바로 자리에 앉아 자신의 취향대로 계산기를 만들기 시작했다. 10분 만에 잡스의 계산기가 만들어졌다. 바로 그 계산기가 15년 동안 맥 컴퓨터의 표준이 되었다.

잡스는 매킨토시 내부 깊숙한 곳에 들어갈 인쇄 회로 기판조차 철저하게 검사했다.

“메모리칩들을 좀 봐. 너무 추하잖아. 선들이 너무 달라붙었어.”

새로 들어온 엔지니어 하나가 끼어들었다.

"그게 무슨 상관입니까? 중요한 건 그게 얼마나 작동을 잘하느냐 하는 겁니다. 어떤 소비자가 내부를 들여다보겠어요?"

"무슨 소리야! 최대한 아름답게 만들어야 해. 박스 안에 들어 있다 하더라도 말이야. 훌륭한 목수는 아무도 보지 않는다고 장롱 뒤쪽에 저급한 나무를 쓰지 않아."

아름다움과 품위를 끝까지 추구하는 것, 이것이 매킨토시에서 실현하고 싶은 잡스의 꿈이었다. 잡스는 숨겨진 곳까지 철저하게 마무리해야 한다는 것을 아버지로부터 배웠다. 그리고 포장과 프레젠테이션을 아름답게 해야 한다는 것을 마이크 마쿨라로부터 배웠다. 그래서 잡스는 매킨토시의 박스와 패키지 전체에 컬러 디자인을 적용했고 팀원들이 기진맥진할 때까지 개선을 거듭했다.

마침내 매킨토시가 완성되었다. 그때쯤 50여 명으로 늘어난 맥 팀원들이 자축하는 자리를 마련했다. 잡스가 제도용지 한 장과 펜을 꺼내 모두에게 자기 이름을 쓰라고 했다.

"이걸로 뭘 하시게요?"

"진정한 예술가들은 작품에 사인을 남기지. 여러분의 사인을 맥의 내부에 새겨 넣을 거야. 이건 우리 모두의 작품이니까."

잡스가 한 사람씩 호명하기 시작했다. 버렐 스미스가 맨 처음이었다. 그는 종이의 정중앙에 자신의 이름을 소문자로 근사하게 휘

갈겼다. 50명 모두 자신의 이름을 남겼다. 수리공이 아니라면 아무
도 맥의 내부를 들여다보지 않을 터였다. 하지만 그 속에는 최대한
아름답게 설계된 회로 기판들이 있고, 거기 그것을 만든 50명의 서
명이 새겨질 것이었다. 그 순간 그들은 컴퓨터를 만든 엔지니어가
아니었다. 그들은 위대한 예술가였다.

이 시대 최고의 광고

1983년 12월, 이사회장의 불이 꺼졌다. 그리고 다음 달에 출시될 매킨토시의 광고가 화면 가득 펼쳐졌다. 잠시 후 불이 켜졌을 때 회의실은 쥐 죽은 듯 고요했다. 캘리포니아 메이시스 백화점의 CEO 필립 슐라인은 아예 회의 테이블 위에 엎드려 있었다. 마쿨라는 말도 없이 앞만 응시했다. 잡스는 회심의 미소를 지었다. 잡스는 애플이 세상에 선보일 제품만큼이나 혁명적이고 기발한 광고를 원했다. 지나가는 사람의 발길을 멈춰 세울 만큼 강렬한 광고를. 이윽고 마쿨라가 입을 열었다.

"새로운 광고 에이전시를 찾아보는 것은 어떻겠소?"

다른 이사들의 의견 또한 비슷했다.

“이건 지금까지 본 광고 중 최악이오. 이런 걸 내보내겠단 말이오?”

당시 애플의 사장이던 존 스컬리는 구매했던 광고 시간 두 개를 다른 곳에 팔기로 결정했다. 잡스는 이성을 잃을 정도로 격분했다. 그 무렵 워즈가 맥 팀의 사무실에 들렀다. 잡스가 워즈를 끌어다 소파에 앉히고는 VCR을 틀었다.

“오, 이거 죽이는데! 망치로 머리를 얻어맞은 기분이야.”

“그렇지? 정말 죽이지? 그런데 이사회에서 슈퍼볼 중계 때 이 광고를 내보내지 않겠다는 거야. 보는 눈도 없는 놈들이 말이야.”

잠시 생각에 잠겨 있던 워즈가 물었다.

“그 광고 시간대의 가격이 얼마야?”

“80만 달러.”

“그래? 그럼 고민할 게 뭐 있어. 내가 절반을 부담할 테니까 네가 나머지 절반을 내.”

하지만 그럴 필요가 없었다. 홍보 담당자가 60초짜리 광고 하나는 팔지 않고 있었던 것이다.

드디어 제18회 슈퍼볼 중계일이 다가왔다. 3쿼터 초반 LA 레이더스가 워싱턴 레드스킨스를 상대로 터치다운을 성공시켰다. 그 직후, 슈퍼볼 경기를 방영하는 전국의 텔레비전 화면이 까맣게 변했다. 2초 후 으스스한 배경 화면에 맞춰 한 무리의 사람들이 섬뜩한 모습으로 행진을 하기 시작했다. 9600만 명의 눈앞에 한 번도 본 적 없는 새로운 광고가 펼쳐지고 있었다. 광고 말미, 군중들이 공포가 가득한 얼굴로 스크린 속의 빅 브라더가 사라지는 모습을 지켜보는 동안, 이런 목소리가 조용히 흘러나왔다.

"1월 24일, 애플 컴퓨터가 매킨토시를 소개합니다. 그리고 당신은 왜 우리의 1984년이 오웰의 『1984년』과 다른지 알게 될 겁니다."

이 광고는 엄청난 반향을 일으켰다. 그날 저녁 전국 방송 세 군데와 지역 방송국 50개에서 이 광고를 다룬 보도를 내보냈다. 애플의 광고가 반복적으로, 그것도 무료로 대중에게 노출된 것이다.

1월 24일, 디엔자 대학교의 플린트 센터, 2600여 명의 사람들이 속속 강당으로 모여들었다. 잡스는 푸른색이 감도는 더블브레스트 재킷에 깔끔한 흰색 셔츠 차림이었다. 조명이 약간 어두워지고 잡스가 무대에 등장했다.

"1984년 현재, IBM은 모든 걸 독차지하려는 듯 보입니다. 애플은 이런 IBM과 맞서 경쟁할 수 있는 유일한 기업입니다. 판매상들은 처음에 IBM을 두 팔 벌려 환영했습니다. 하지만 지금은 IBM이 미래를 지배하고 통제할까 봐 두려움을 느끼고 애플로 돌아서고 있습니다. 그들의 미래를 자유롭게 해 줄 유일한 기업은 애플뿐이기 때문입니다. IBM은 모든 걸 독차지하려고 합니다. 또 업계를 장악하는 데 마지막 걸림돌인 애플을 향해 총부리를 겨누고 있습니다. 과연 빅 블루(IBM의 별명)가 컴퓨터 업계 전체를 장악하게 될까요? 현대의 정보 시대를? 조지 오웰의 예견이 옳았던 걸까요?”

청중이 미처 대답하기도 전에 불이 꺼지고 강당이 암흑으로 변했다. 어두운 무대 스크린에 ‘1984’ 광고가 상영되었다. 광고가 끝나자 강당이 떠나갈 듯 박수갈채가 쏟아졌다. 그 환호성 속에 잡스가 어두운 무대의 중앙으로 걸어 나왔다. 작은 탁자 위에 천으로 만든 가방이 놓여 있었다.

“이제 여러분께 매킨토시를 보여 드리겠습니다. 앞으로 여러분들이 스크린에서 보게 될 모든 것은 바로 이 가방 안에 든 물건이 실현하는 것입니다.”

그는 컴퓨터와 마우스를 재빨리 연결하고는 셔츠 주머니에서 3.5인치 플로피디스크를 꺼냈다. 강당 안에 〈불의 전차〉 주제곡이 울려 퍼졌다. 무대 스크린에 ‘매킨토시’라는 글자가 떠올랐다. 글자가 가로 방향으로 천천히 흐르고, 다음 화면에는 그 글자 밑에 ‘혼을 빼놓을 만큼 뛰어난’이라는 문구가 사람이 직접 쓰는 것처럼 한 획씩 천천히 나타났다. 사람들은 숨을 죽였다. 지금껏 이렇게 아름다운 폰트를 본 적이 없었다. 잠시 후 화면에 빌 앳킨슨이 개발한 퀵 드로 그래픽 패키지, 다양한 폰트, 문서, 차트, 그림, 체스 게임 등이 속속 떠오르고, 스티브 잡스의 얼굴 옆 말풍선에 맥이 담겨 있는 그림도 등장했다.

스크린이 다시 어두워졌다. 잡스가 미소를 지은 채 말했다.

"우리는 매킨토시에 대해서 정말 많은 이야기를 했습니다. 하지만 오늘은 매킨토시의 이야기를 들어 보기로 하지요."

잡스가 마우스 버튼을 눌렀다. 그러자 매력적인 전자음이 흘러나왔다.

"안녕하세요? 저는 매킨토시입니다. 가방에서 나오니 기분이 좋군요."

청중들 사이에서 환호와 박수가 물결처럼 일렁거렸다. 맥은 청중의 반응에 상관없이 말을 계속했다.

"저는 연설에 익숙하지 않지만 IBM 메인프레임 컴퓨터를 처음 봤을 때 생각했던 격언 하나를 들려 드리고 싶습니다. '손으로 들 수 없는 컴퓨터는 절대 믿지 마라.'"

사람들이 휘파람을 불며 자리에서 일어나 주먹을 허공에 휘둘렀다. 잡스는 천천히 고개를 끄덕이며 꾹 다문 입으로 환하게 미소 지었다. 청중의 박수는 5분이나 지속되었다.

그날,『파퓰러 사이언스』의 기자가 어떤 방식으로 시장조사를 했느냐고 물었다. 잡스는 코웃음을 치며 이렇게 대답했다.

"알렉산더 그레이엄 벨이 시장조사 같은 걸 하고 전화를 발명했겠습니까?"

지금의 패자는 훗날 승자가 되리

1985년 4월 11일, 애플의 이사회가 열렸다. 잡스는 착잡한 심정으로 사장인 존 스컬리의 얼굴을 주시했다. 존 스컬리는 소비자의 눈을 안대로 가리고 콜라 맛을 비교하도록 한 이벤트를 통해 획기적인 매출 신장을 이끌어 낸 '펩시 챌린지'의 기획자였다. 펩시콜라에 재직하던 스컬리를 끌어온 것은 바로 잡스였다. 스컬리는 전날 잡스에게 매킨토시 부문의 지휘권을 포기하라고 말했다. 잡스는 물론 동의하지 않았다. 지난 몇 년간 자신의 영혼을 담아 만든 매킨토시를 포기하라니. 맥은 잡스에게 자식과도 같았다.

매킨토시의 출현과 광고는 그야말로 획기적이었다. 그런 흥분의 열기가 가라앉은 1984년 후반기부터 맥의 판매량은 급감했다. 맥은 화려했지만 속도가 심각하게 느렸고, 동력도 부족했다. 맥의 화면은 햇살이 가득한 놀이터 같았다. 그러나 그렇게 만들기 위해서는 엄청난 메모리가 필요했다. 그러나 맥은 고작 128킬로바이트였고, 당연히 속도에 문제가 생길 수밖에 없었다. 또 하나의 문제는 내장 하드디스크 드라이브가 없다는 것이었다. 조애나 호프먼이 저장 장치를 구비해야 한다고 주장했지만 잡스는 고집을 꺾지 않았다. 그 때문에 매킨토시는 단 하나의 플로피디스크 드라이브로 모든 작업을 수행해야 했다. 데이터를 복사하기 위해서 플로피디스크를 수없이 넣었다 뺐다 하느라 팔꿈치가 아플 지경이었다.

아무리 뛰어난 광고도 이러한 제품의 결함을 가릴 수 없었다. 잡스의 고집으로 몇 년이나 연기된 데다 기능성에 문제까지 생긴 것이다. 잡스는 곤경에 처하고 말았다. 전날 스컬리는 잡스의 거취 문제를 이사회에 상정하겠다고 말했다. 잡스는 정말 그럴 수 있을 거라고는 믿지 않았다. 자신은 애플의 창업자이며 회장이었다.

잡스의 믿음과 달리 스컬리는 잡스가 매킨토시 부문의 책임자 자리에서 물러나 신제품 개발에 집중했으면 좋겠다는 의사를 이사진 앞에서 공식적으로 표명했다. 이사회는 스컬리를 선택했다. 잡스는 보직 이동을 수개월에 걸쳐 천천히 진행해 달라고 부탁했다. 스컬리가 계약 때문에 중국을 방문한 사이 쿠데타를 일으킬 계획이었던 것이다. 그러나 그는 비밀 작전을 수행할 만큼 치밀하지 못했다.

5월 23일 목요일, 매킨토시 부문의 고위 참모들과 가진 목요 정기 미팅에서 잡스는 측근들에게 스컬리 퇴출 계획에 대해 말했다. 급기야 모든 소식이 스컬리의 귀에 들어갔다. 다음 날, 스컬리는 출장을 취소하고 아침 임원회의에 참석했다. 그는 창백한 표정으로 잡스를 노려보았다.

"자네가 나를 회사에서 쫓아내고 싶어 한다는 얘기를 들었네만."

그는 잡스를 똑바로 응시하며 말을 이었다.

"그게 사실인지 묻겠네."

잡스는 눈을 가늘게 뜬 채 전혀 깜빡거리지 않고 스컬리의 시선을 맞받았다.

"나는 당신이 애플과 맞지 않는다고 생각해요. 이 회사를 책임질 적임자가 아니라고요. 이런 회사의 운영 방법도 모르고 운영해 본 적도 없잖아요. 당신은 제품 개발 과정을 전혀 이해하지 못하고 있어요."

스컬리의 얼굴이 벌겋게 달아올랐다.

"나, 나는 자…… 자네를 신뢰하지 않아. 그, 그렇게 시, 신뢰할 수 없는 사람을 요, 용인하지 않을 거야."

스컬리는 어린 시절 흥분하거나 당황하면 말을 더듬는 습관이 있었다. 어찌나 화가 났는지 20년 전의 버릇이 다시 도진 것이다.

"저, 접니까? 아, 아니면…… 스, 스티브입니까?"

결국 참석자들은 투표를 통해 결정하기로 했다. 잡스의 참패였다. 얼마나 충격을 받았는지 그는 눈물을 터뜨렸다. 자신이 만든 회사에서 쫓겨난 것이다. 자신의 모든 열정을 바친 회사에서 쫓겨났다는 사실을 그는 도무지 받아들일 수 없었다. 그보다 더 잡스를 슬프게 한 건 자신이 버림받았다는 사실이었다.

잡스는 태어나자마자 부모로부터 버림받았다. 양부모가 넘치는 사랑을 주고 너는 선택받은 사람이라고 늘 말했음에도 그는 평생 버림받았다는 상처를 지우지 못했다. 그런데 또다시 믿었던 사람들로부터 버림받은 것이다. 아버지와 다름없는 아서 록, 마이크 마쿨라 같은 사람들이 자신이 아닌 스컬리를 선택했다는 사실을 잡스는 믿을 수도 없었고 믿기지도 않았다. 그는 한동안 집에 틀어박혀 가장 좋아하는 밥 딜런의 노래만 들었다. 그가 가장 좋아하는 곡은 〈더 타임즈 데이 아 어 체인징(The Times They Are A-Changing)〉이었다.

"지금의 패자는 훗날 승자가 되리. 시대는 변하기 마련이니……."

잡스는 이 노래를 듣고 또 들었다. 그러나 그 무엇도 버림받았다는 슬픔을 달래 주지는 못했다. 그는 자신을 버린 자들을 원망하면서 걸핏하면 눈물을 쏟았다.

당시 잡스는 애플 전체 주식의 11퍼센트에 해당하는 650만 주를 보유하고 있었다. 1억 달러 이상의 가치가 있는 주식이었다. 버림 받았다는 사실에 분노한 그는 자신의 지분 전부를 헐값에 매각해 버렸다. 단 한 주만 남겨 놓고서. 그것을 남겨 둔 것은 자신이 원할 때 언제든지 주주총회에 참석하기 위해서였다. 그는 이를 갈면서 복수를 다졌다.

훗날 잡스가 물러나는 데 한몫 거들었던 아서 록은 이렇게 말했다.

"스티브가 만난 최고의 행운은 우리가 그에게 애플에서 나가라 고 한 일입니다."

잡스 앞에 놓인 것은 그를 위대한 경영자로 만들어 줄 위대한 시 련이었다.

황제의 귀환

위대한 작품을 만들어 줘

1985년 여름, 애플에 있던 앨런 케이로부터 전화가 걸려 왔다. 케이는 PARC에서 일하다 잡스의 안목에 반해 애플로 옮긴 특별 연구원이었다.

"스티브! 기가 막힌 정보가 있어요."

잡스가 넥스트(NeXT)라는 회사를 창립한 후였다. 처음 퍼스널 컴퓨터를 만들기 시작했을 때 그는 미국의 모든 학교에 컴퓨터를 보급하겠다는 꿈을 꾸었다. 잡스는 컴퓨터와 교육, 이 두 가지를 통합시키고 싶었다. 새 회사의 이름에 들어간 e는 교육(Education)의 약자였다. 교수, 연구자, 과학자들이 연구에 활용할 수 있는 고성능 컴퓨터를 만들겠다는 것이 잡스의 새로운 꿈이었다.

"조지 루카스가 자신의 컴퓨터 그래픽 부서를 팔려고 한대요. 〈스타워즈〉의 그 조지 루카스 말이에요."

"그런데 컴퓨터 그래픽 부서를 왜 팔려고 하는 거지?"

"신문 못 보셨어요? 희대의 이혼 소송이라고 떠들썩한데요. 어마어마한 위자료 때문에 회사를 팔아야 하는 모양이에요."

유명한 영화감독 조지 루카스의 이혼 소송이라면 잡스도 신문에서 본 적이 있었다. 그는 잠시 고민에 잠겼다. 그 무렵 넥스트는 한창 고성능 컴퓨터 개발에 박차를 가하고 있었다. 영화사의 컴퓨터 그래픽 부서라면 넥스트가 하고 있는 일에도 도움이 될 것 같았다.

"캘리포니아의 생라파엘로 가서 루카스 필름에서 일하고 있는 괴상한 친구들을 만나 보세요. 분명 마음에 들걸요."

잡스는 곧장 생라파엘로 날아갔다. 그는 그때까지 그토록 선명한 디지털 사진을 본 적도, 창의성이 넘치는 동영상을 본 적도 없었다. 게다가 루카스의 팀원들은 직접 소프트웨어를 개발했을 뿐 아니라 하드웨어를 자체 제작할 정도의 기술력을 갖추고 있었다. 잡스는 PARC에서처럼 심장이 두근거리는 것을 느꼈다. 루카스의 컴퓨터 그래픽 팀원 중에서도 주축은 앨비 레이 스미스와 에드 캣멀, 그리고 존 래시터였다.

뉴욕 대학교의 교수였던 스미스는 화통하고 자유분방한 성격으로 대학 사회가 답답하기만 했다. 안정된 직장을 박차고 나온 그는 우연히 PARC를 방문했다가 잡스처럼 컴퓨터 그래픽의 환상적인 세계에 매료되었고, 그 순간 새로운 길로 접어들었다. 그가 컴퓨터 그래픽의 귀재라는 소문을 듣고 찾아간 사람이 바로 에드 캣멀이었다. 두 사람은 컴퓨터로 사람들을 감동시킬 만한 장편 애니메이션을 만들겠다는 꿈을 꾸었고, 구원처럼 조지 루카스를 만났다. 루카스는 당시 〈스타워즈〉 에피소드 가운데 다섯 번째인 〈제국의 역습〉을 만들고 있었다. 레이저 광선을 일일이 손으로 그려 넣는 작업에 지친 그는 두 사람을 컴퓨터 그래픽 부서로 끌어들였다.

애니메이터인 존 래시터는 원래 디즈니에서 일하고 있었다. 그는 디즈니에서 처음으로 컴퓨터 그래픽을 만났고, 새로운 스타일의 애니메이션에 사로잡혔다. 그러나 디즈니 간부들은 컴퓨터를 문서 작성이나 회계처리의 수단으로밖에 여기지 않았다. 이때 스미스와 캣멀이 재빠르게 래스터를 루카스 필름으로 영입한 것이다. 하지만 조지 루카스 역시 컴퓨터 그래픽의 놀라운 잠재력을 알지는 못했다. 그래서 돈이 필요해지자 영화사 중 가장 손실이 적다고 생각한 컴퓨터 그래픽 부서를 내놓은 것이다. 컴퓨터 시스템과 소프트웨어, 무엇보다 뛰어난 인재들로 구성된 그래픽 팀 전체를.

잡스는 의도적인 밀고 당기기 끝에 마침내 1986년 1월, 처음 제시한 가격의 3분의 1밖에 되지 않는 1000만 달러에 루카스 컴퓨터 그래픽 부서를 인수했다. 잡스가 지분의 70퍼센트를 소유했고, 나머지 지분은 에드 캣멀과 앨비 스미스, 그리고 접수계원까지 포함한 직원 38명에게 분배했다.

루카스 필름의 컴퓨터 그래픽 부서는 픽사(Pixar)라는 새 이름으로 재탄생했다. 화소(Pixels)를 다루는 자신들의 정체성을 반영한 이름이었다. 테크놀로지와 창조성을 결합한 듯한 이 이름이 잡스는 썩 마음에 들었다.

1986년 잡스와 캣멀은 픽사의 하드웨어와 소프트웨어를 널리 알리기 위해서 래시터가 단편 애니메이션을 제작하는 게 좋겠다고 판단했다. 래시터는 픽사의 유일한 예술가였고 그런 점에서 잡스와 죽이 잘 맞았다. 래시터는 잡스가 예술을 기술과 상업에 결합할 수 있는 방법을 아는 유능한 후원자라고 믿었다.

어느 날, 잡스가 들르자 래시터가 흥분한 모습으로 컴퓨터 화면을 보여 주었다. 앙증맞은 모습의 램프가 화면 속에서 잡스를 바라보고 있었다.

"어때요? 매력적인가요?"

"좋아. 정말 좋은데!"

부모 램프와 아이 램프가 공을 주고받는 2분짜리 단편 애니메이션은 잡스를 완전히 흥분시켰다. 잡스는 벌떡 일어나 어린아이처럼 사무실 안을 폴짝폴짝 뛰어다녔다.

“이제 알겠어! 어떻게 해야 하는 건지 이제 알겠다고. 기술뿐만 아니라 예술까지 담은 영화를 만드는 거야.”

래시터가 만든 〈럭소 주니어〉는 댈러스에서 열린 컴퓨터 그래픽 영화제에서 최우수상을 받았고, 아카데미 후보에도 올랐다.

그 무렵 픽사와 넥스트는 심각한 경영난에 처해 있었다. 넥스트 컴퓨터는 잡스의 까다로운 취향 때문에 아직 출시도 되지 않은 상태에서 계속 개발비를 쏟아 붓고 있었고, 픽사의 사정 또한 크게 다르지 않았다. 잡스는 그 와중에도 애니메이션 팀만큼은 각별한 애정으로 감싸 안았다. 그에게 그 팀은 예술적 만족을 주는 구원의 섬이었던 것이다.

1988년 봄에는 심각한 재정난 때문에 대대적인 예산 삭감을 선언하는 회의를 소집했다. 회의가 끝났는데도 애니메이션 팀이 회의실에 남았다. 그러나 서로 눈치만 볼 뿐 아무도 말을 꺼내지 않았다.

“무슨 일이지요?”

잡스가 묻자 그제야 래시터가 머뭇거리며 입을 뗐다.

“저, 그게, 그러니까 단편 애니메이션을 제작하고 싶은데요.”

30만 달러에 가까운 돈을 추가로 투자하라는 말이 차마 나오지 않아서 래시터는 다시 입을 다물었다. 잠시 후 잡스가 물었다.

“스토리는 나와 있는 겁니까?”

“예!”

래시터가 보드를 펼쳐 놓고 등장인물의 목소리를 흉내 내며 스토리를 설명하기 시작했다. 아기를 피해 소파 밑으로 숨은 장난감 티니는 겁을 먹고 숨어 있는 다른 장난감들을 만난다. 아기가 머리를 부딪치고 울자 티니는 다시 밖으로 나와 아이를 달랜다.

래시터가 신이 나서 설명을 하는 동안 잡스는 몇 번이나 웃음을 터뜨렸다. 래시터는 설명을 모두 끝내고 잡스를 바라보았다. 투자하지 않는다고 해도 할 말은 없었다. 잡스는 이미 자비 5000만 달러를 픽사에 쏟아 부은 상태였다. 다들 숨을 멈춘 채 잡스의 대답을 기다리고 있었다.

"좋아요. 투자하겠어요."

애니메이션 팀의 얼굴이 모두 환하게 밝아졌다. 사무실을 나가던 잡스가 뒤돌아보며 래스터의 눈을 똑바로 응시하고 말했다.

"존, 당신에게 부탁하는 건 딱 한 가지야. 위대한 작품을 만들어 줘."

이렇게 탄생한 〈틴 토이〉는 1988년 아카데미 시상식에서 단편 영화상을 수상했다. 컴퓨터 그래픽으로 제작된 영화로는 최초였다. 래시터는 축하 만찬에서 오스카상 트로피를 높이 치켜들고는 잡스에게 축배를 건넸다.

"위대한 영화를 만들라는 게 당신의 유일한 부탁이었습니다."

무한한 공간 저 너머로

"우리를 위해 장편 애니메이션을 만들어 주지 않겠소?"

디즈니의 사장 제프리 카첸버그의 말에 잡스는 내심 쾌재를 불렀다. 콧대 높은 디즈니가 픽사에 직접 연락한 것은 〈틴 토이〉의 성공 때문이었다. 디즈니도 이제 컴퓨터 그래픽으로 만든 애니메이션의 위력에 눈을 뜨기 시작한 것이다. 몇 년 전 잡스는 넥스트 컴퓨터를 팔기 위해 카첸버그를 만난 적이 있었다. 그는 넥스트 컴퓨터를 소개하면서 이렇게 말했다.

"컴퓨터만 있으면 누구든 애니메이션을 만들 수 있는 시대가 곧 올 겁니다. 우리 넥스트 컴퓨터가 있기에 가능한 일이지요."

그러자 까칠하기로 잡스에 결코 뒤지지 않는 카첸버그가 벌떡 일어나며 고함을 질렀다.

"누구 맘대로! 애니메이션은 디즈니의 것이오. 누구도 그걸 가져갈 수 없소. 내 것을 뺏어 간다면 난 총으로 당신을 날려 버릴 것이오."

그러나 이번에는 판도가 달랐다. 직원들의 안내를 받으며 스튜디오를 둘러보던 잡스가 카첸버그에게 물었다.

"디즈니는 픽사와의 관계에 만족합니까?"

"당연하지요."

"그럼 픽사도 디즈니와의 관계에 만족한다고 생각하십니까?"

"물론 그렇겠지요."

"천만에요. 우리는 만족스럽지 않습니다. 우리는 디즈니와 함께 애니메이션을 제작하고 싶습니다."

카첸버그는 무엇보다 존 래시터의 단편 애니메이션을 높이 평가했다. 그를 다시 디즈니로 데려오려고 노력한 적도 있었다. 카첸버그는 래시터와 함께 일하기 위해 기꺼이 픽사를 동업자로 끌어올렸다.

그러나 협상은 지루하게 계속되었다. 카첸버그는 픽사의 애니메이션 독점 기술에 대한 권리를 소유하고 싶어 했지만 잡스는 끝까지 포기하지 않았다. 대신 픽사가 애니메이션 작품 및 캐릭터에 대한 공동소유권을 가져야 한다는 잡스의 견해는 관철되지 않았다. 잡스로서는 디즈니가 크리에이트 작업에 대한 통제권을 소유한다는 조항이 가장 마음에 걸렸다. 그러나 넥스트와 픽사의 계속되는 적자 때문에 더 이상 돈을 끌어올 수 없는 형편이었고 울며 겨자 먹기로 디즈니의 요구를 들어줄 수밖에 없었다.

존 래시터가 제안한 작품에는 〈토이 스토리〉라는 이름이 붙었다. 이 작품의 오리지널 트리트먼트(등장인물, 플롯 등을 상세하게 기술한 제작 기획안으로 시나리오의 토대가 된다)는 이렇게 시작했다.

우리는 누구나 어린 시절에 장난감을 잃어버리고 가슴 아파한 경험을 갖고 있다. 이 이야기의 주인공은 자신에게 가장 소중한 무언가, 즉 어린이의 품을 잃고 그것을 되찾으려 애쓰는 장난감이다. 주인의 사랑을 받는 것은 모든 장난감의 존재 이유이다. 주인에게 받는 사랑은 장난감이라는 존재가 느끼는 감정의 토대가 된다.

컴퓨터 작업을 수없이 반복한 끝에 버즈 라이트이어와 우디라는 두 주인공의 캐릭터가 완성되었다.

〈토이 스토리〉 작업이 진전되는 동안 잡스는 점점 흥미를 느끼기 시작했다. 우디과 버즈가 생명력 넘치는 캐릭터로 완성되는 것을 지켜보면서 잡스는 자신이 영화 산업에 커다란 지각 변동을 일으키는 사람이 될 것이라는, 거의 확실한 예감에 사로잡혔다.

그즈음 잡스는 언론의 노리갯감이나 다름없었다. 넥스트의 컴퓨터는 사람들의 시선을 끌기에 충분할 만큼 매력적이었지만 너무 비싸서 팔리지 않았고, 늘어나는 적자를 감당하지 못해 결국 하드웨어 부문을 매각했다. 실망한 창업 멤버들은 하나둘 회사를 떠났다. 픽사의 사정 또한 다르지 않아 규모가 이전의 절반으로 줄어들었다. 세상은 잡스의 몰락을 즐거워하는 듯했다. 잡스를 이 시대의 신화로 추켜세웠던 바로 그 언론이 이번에는 거침없이 바닥으로 끌어내렸다. 그러나 그 바닥에서 잡스는 새로운 희망을 보고 있었다.

1995년 11월 〈토이 스토리〉가 개봉되자마자 전 세계의 이목이 집중되었다. 개봉 첫 주말에만 미국 내 수익 3000만 달러를 거둬들여 제작비를 뽑아냈고, 장기 흥행에 성공하여 미국에서 1억 9000만 달러, 전 세계적으로 3억 6200만 달러의 수익을 올렸다. 〈배트맨 포에버〉와 〈아폴로 13〉을 제친 그해 최고의 흥행 영화였다. 그러나 〈토이 스토리〉는 디즈니의 애니메이션으로 세상에 알려졌다. 픽사와 잡스의 이름은 거론조차 되지 않았다. 잡스는 기회만 있으면 〈토이 스토리〉가 픽사의 작품이라고 강조했다. 그는 텔레비전 인터뷰 프로그램에 출연했을 때 이렇게 말했다.

"〈백설 공주〉가 나온 이래 모든 주요 스튜디오들이 애니메이션 산업에 뛰어들었습니다. 그러나 지금까지 대히트를 친 장편 애니메이션을 만들어 낸 유일한 회사는 디즈니 스튜디오뿐이었습니다.

픽사는 이제 그런 작품을 만들어 낼 수 있는 두 번째 스튜디오가 되었습니다."

잡스는 다시는 피고용자 입장으로 디즈니와 일할 생각이 없었다. 동등한 입장으로 계약 테이블 앞에 앉으려면 자금이 필요했다.

〈토이 스토리〉가 개봉되고 일주일 뒤, 잡스는 기업 공개를 단행했다. 그는 〈토이 스토리〉가 대성공을 거둘 것을 확신하고 있었다. 주변에서는 모두 좀 더 있다가 하라고 만류했지만 이번에도 잡스는 자신의 고집을 꺾지 않았다. 초기 공모가를 14달러로 책정하라는 말도 따르지 않았다. 그는 22달러를 고집했다.

오전 7시, 잡스와 픽사 사람들은 숨을 죽이고 거래가 시작되기를 기다렸다. 거래 개시와 동시에 사람들이 일제히 환호성을 내질렀다. 주문이 쏟아지기 시작했다. 개시 30분 만에 픽사의 주가는 45달러까지 치솟았다. 매수 주문이 너무 많이 몰리는 바람에 거래가 잠깐 지연되는 일도 있었다. 그해 최고의 기록이었다. 주식시장이 마감되었을 때 잡스가 보유한 주식의 가치는 20배 이상 늘어나 무려 12억 달러에 달했다. 1980년 애플이 주식을 상장했을 때 그가 소유하게 된 부의 거의 다섯 배였다.

잡스는 곧장 디즈니의 CEO 마이클 아이스너를 찾아갔다. 전에 같이 일했던 카첸버그는 아이스너와의 갈등 때문에 디즈니를 떠나 스티븐 스필버그 등과 '드림웍스 SKG'를 차린 후였다. 잡스가 거만

한 자세로 기대앉으며 먼저 입을 열었다.

"만일 아이스너가 픽사와 새로운 계약을 체결하는 데 동의하지 않는다면 픽사는 세 편을 만들기로 한 계약이 만료되는 즉시 다른 스튜디오와 손을 잡을 겁니다."

아이스너도 만만한 상대는 아니었다.

"맘대로 하시오. 만일 그런 식으로 행동한다면 우리는 우디와 버즈를 비롯해 래시터가 창조해 낸 모든 캐릭터를 그대로 사용해서 〈토이 스토리〉 속편을 제작할 거요."

"그랬다가는 아이들에게 엄청난 실망을 안겨 줄걸요."

팽팽히 맞서던 두 사람은 마침내 합의점을 찾았다. 픽사가 향후 작품 제작비의 절반을 부담하는 대신 이윤의 절반도 가져가기로 한 것이다. 또한 디즈니는 공동 브랜드 사용에도 동의했다. 디즈니가 이렇게까지 양보한 이유는 픽사가 또 다른 히트작을 내기 쉽지 않을 거라고 판단했기 때문이다. 그러나 디즈니의 예측은 빗나갔다. 픽사는 연이어 열 편이나 히트작을 만들어 냈다.

〈토이 스토리〉의 주인공 버즈 라이트이어가 "무한한 공간 저 너머로!"라고 외쳤던 것처럼 잡스의 인생은 다시 한 번 무한한 공간 저 너머로 향하고 있었다. 그는 〈토이 스토리〉를 통해 하드웨어나 소프트웨어보다 더 중요한 것을 발견했다. 그를 무한한 공간 저 너머로 향하게 해 줄 그것은 바로 사용자, 즉 관객의 경험이었다.

제왕의 복귀

1996년 12월 20일 저녁, 애플 본사에서 중대한 사실이 발표되었다. 애플이 넥스트를 인수한다는 발표를 듣고 직원들 250명이 환호성을 울렸다. 강당 뒤쪽에서 잡스가 천천히 걸어 나왔다. 박수 소리가 끊이지 않았다. 원래 인사만 하기로 했던 잡스는 그 박수 소리에 자신 안의 열정이 서서히 깨어나는 것을 느꼈다. 그는 예정에 없이 마이크를 잡았다.

"매우 감격스럽습니다."

자신이 창업했던 회사로부터 쫓겨난 지 꼭 12년 만의 귀환이었다. 반바지에 운동화, 그리고 그의 상징과도 같은 검은색 터틀넥을 입고 무대에 등장한 잡스는 지난 12년간 애플에서 사라졌던 활기와 열정을 순식간에 불러들이기 시작했다.

"좋아요. 우리 회사의 문제가 뭔지 한번 말해 보세요."

여기저기서 웅얼거리는 소리가 들렸다. 잡스는 그 말에 귀도 기울이지 않고 곧장 자신의 답을 말했다.

"제품이에요! 그럼 제품은 뭐가 잘못됐을까요?"

다시 몇 명이 대답을 하려고 했지만 이번에도 잡스가 먼저였다.

"제품들이 형편없다는 겁니다!"

그가 버럭 소리를 질렀다.

"제품들이 더 이상 섹시하지 않단 말예요!"

잡스의 평가에 모든 이사들은 충격을 받았다.

얼마 뒤, 잡스는 자신에게 호의적인 이사 에드 울러드에게 말했다.

"말을 갈아탑시다. 이래 가지고는 안 되겠어요. 이사들을 어르고 달랠 시간이 없다고요. 그러니까 전부 사임해 주길 바랍니다. 그러지 않으면 내가 그만두고 월요일부터 안 나올 테니까. 당신, 단 한 사람만 남을 수 있어요."

울러드에게 그 사실을 전해 들은 이사진은 충격에 휩싸였다. 그러나 잡스를 내칠 수 있는 상황이 아니었다. 이사회는 잡스의 결정을 묵인하기로 했다. 잡스는 강력한 리더들과 접촉해 그들을 애플 이사직에 합류시키기 시작했다. 덕분에 애플의 주가는 7월 한 달 동안 13달러에서 20달러까지 올랐다.

1997년 8월, 보스턴에서 맥월드 행사가 열렸다. 5000명이 넘는 애플의 충성스러운 팬들이 잡스의 기조연설을 듣기 위해 파크 플라자 호텔의 캐슬 컨벤션 홀로 밀려들기 시작했다. 오버헤드 스크린에 잡스의 사진이 뜨자 환성이 울려 퍼졌다.

"스티브! 스티브! 스티브!"

청중들의 연호 속에 흰 티셔츠에 검은 색 조끼, 청바지 차림을 한 잡스가 장난기 가득한 미소를 지은 채 무대로 걸어 나왔다.

"저는 픽사 회장이자 CEO인 스티브 잡스입니다. 다른 많은 사람들과 마찬가지로 저 역시 애플을 건강하게 회복시키기 위해 노력하고 있습니다."

이야기가 진행될수록 잡스의 열정이 더욱 강렬하게 발산되었다. 그는 점차 '그들'이라는 표현 대신 '우리'와 '나'라는 표현을 사용하기 시작했다.

"애플 컴퓨터를 구입하려면 여전히 다른 사람들과는 다르게 사고해야 한다고 생각합니다. 우리 컴퓨터를 사는 사람들은 실제로 다른 것을 생각합니다. 그들은 이 세상의 창조적인 영혼이고, 이 세상을 바꾸고자 하는 이들입니다. 그런 사람들을 위해 우리는 도구를 만들어 드립니다."

'우리'라는 단어를 표현할 때 잡스는 두 손을 모아 쥔 채 자신의 가슴을 톡톡 두드렸다. 기립박수가 끝없이 이어졌다. 잡스는 자기 자신과 애플이 하나임을 분명히 선언한 것이다.

맥월드 행사의 클라이맥스는 다음과 같은 잡스의 선언이었다.

“애플은 생태계 안에 살고 있습니다. 다른 파트너들의 도움이 필요하다는 뜻입니다.”

극적인 효과를 위해 그는 잠시 말을 멈췄다.

“애플의 새로운 파트너를 여러분께 소개하겠습니다. 저희는 마이크로소프트와 협력하기로 했습니다.”

마이크로소프트와 애플의 로고가 화면에 뜨자 사람들이 동요하기 시작했다. 애플과 마이크로소프트는 다수의 저작권과 특허권 문제로 10년 동안 전쟁을 치르고 있었다. 가장 대표적인 분쟁은 마이크로소프트가 애플의 그래픽 유저 인터페이스의 디자인과 느낌을 도용했는가 하는 문제였다.

잡스는 애플의 CEO인 에밀리오가 사임한 직후 빌 게이츠에게 전화를 걸었다.

“내가 상황을 완전히 바꿔 놓을 거요. 그러려면 당신의 도움이 필요합니다.”

잡스는 게이츠가 애플에 신세 진 마음을 갖고 있을 거라 믿었다. 그를 응용 프로그램 소프트웨어 사업에 끌어들인 것이 애플이었고, 마이크로소프트가 최초로 개발한 응용 프로그램도 맥을 위한 액셀과 워드였기 때문이다.

"단도직입적으로 이야기하지요. 마이크로소프트가 애플의 특허들을 깔아뭉개고 있지만, 그래도 우리가 소송을 계속 벌여 나가면 몇 년 후에 10억 달러 규모의 소송 하나 정도는 이길 수 있을 겁니다. 당신도 이 정도는 알고 있겠지요?"

당시 애플은 마이크로소프트와의 재판과 여러 소송에서 패소했지만 아직도 소송 몇 개가 진행 중이었고 새로운 소송이 제기될 가능성도 있었다. 마이크로소프트는 계속된 재판과 협상 때문에 지칠 대로 지친 상황이었다.

"그래서 어쩌자는 겁니까?"

빌 게이츠가 단도직입적으로 물었다.

"문제를 즉시 해결할 수 있는 방법을 찾아봅시다."

"대체 그 방법이 뭡니까?"

"간단합니다. 우리가 신경 쓰는 건 두 가지뿐이에요. 맥을 위한 소프트웨어를 만들겠다는 약속, 그리고 애플에 대한 투자."

마이크로소프트로서는 반가운 제안이었다. 이로써 10년에 걸친 지루한 재판과 소송, 협정도 막을 내릴 수 있었다.

그러나 모든 사람들이 마이크로소프트와의 협력을 반긴 것은 아니었다. 특히 맥의 사용자들은 애플이 매킨토시의 디폴트 브라우저를 인터넷 익스플로러로 하기로 했다는 잡스의 발표에 대단히 실망했다. 그것은 하드웨어와 소프트웨어가 밀접하게 연결되어야 한다는 지금까지의 잡스의 신념과도 위배되는 것이었다. 그러나 그런 신념 때문에 잡스는 넥스트에서 뼈저린 실패를 맛보았고 애플 역시 위기에 처해 있었다. 잡스는 자신의 신념을 일정 정도 버림으로써 시장에서 살아남고자 한 것이다.

그의 선택은 옳았다. 맥월드 행사가 있던 날, 주식 장이 마감했을 때 애플의 주가는 33퍼센트나 상승했다. 벼랑 끝에 몰렸던 애플에 청신호가 켜진 것이다.

1997년 9월, 잡스는 애플의 iCEO에 취임했다. 앞에 i(interim)가 붙은 것은 그가 한사코 임시로만 CEO직을 수락하겠다고 우겼기 때문이었다. 그의 연봉은 단돈 1달러였다. 회사 상황이 어려운 탓도 있었지만 잡스는 자신의 목적이 돈이 아니라 애플을 되살리는 것에 있다는 것을 확고히 하고 싶었던 것이다.

다르게 생각하라

잡스는 매킨토시 출시 때 그 유명한 '1984' 광고를 만들었던 샤이엇데이의 크리에이티브 디렉터 리 클라우에게 전화를 걸었다. 그 시각 클라우는 로스앤젤레스 도로를 달리고 있었다.

"스티브입니다. 날 좀 만나러 와 주겠어요?"

당시 애플은 새로운 광고대행사를 선정하기 위해 검토 중이었다. 그러나 그 어떤 곳도 잡스의 마음에 들지 않았다. 잡스는 정말 특별한 광고를 원했다.

"애플이 아직 건재하다는 걸, 아직도 특별한 뭔가를 추구한다는 걸 세상에 보여 줘야 해요. 그러니 피칭에 참가해 줘요."

"우리가 일하는 방식을 스티브 당신도 알잖아요?"

클라우는 일을 따내기 위해 고객들 앞에서 피칭을 하지 않았다. 그것이 그의 오랜 관행이었다.

"잘 알고 있어요. 하지만 부탁해요. 우리는 오랜 친구잖아요."

잡스의 간곡한 부탁에 결국 클라우는 애플에 보여 줄 광고 아이디어를 들고 쿠퍼티노로 날아왔다.

'다르게 생각하라.'

클라우가 만든 광고의 핵심은 바로 이것이었다. 클라우는 애플 컴퓨터의 기능과 장점보다도 창의적인 사람이 컴퓨터를 이용해서 무엇을 성취할 수 있는지, 그것을 보여 주고 싶었다. 그것은 잡스가 원하던 바이기도 했다. 또한 이 말은 고객들만이 아니라 애플의 직원들에게 던지는 메시지기도 했다. 애플 사람들은 자신의 정체성을 잃어버린 상태였다. 클라우와 팀원들은 '다르게 생각할 줄' 아는 '미친 사람들'을 찬미하는 메시지를 담기 위해 노력했다. 광고 문구를 결정하는 과정에서 잡스는 그 어느 때보다 까다로웠다. 클라우 회사의 젊은 카피라이터가 임시 완성된 문안을 들고 애플을 찾아갔을 때 잡스는 격노해서 소리쳤다.

"이따위 걸 대체 어디다 쓰라는 거야! 정말 한심하군."

잡스를 처음 본 카피라이터는 그 자리에 얼어붙은 채 한마디도 하지 못했다. 그는 다시는 애플을 찾아가지 않았다.

각고의 노력 끝에 잡스는 마침내 마음에 꼭 드는 문구를 완성했다.

미친 자들을 위해 축배를. 부적응자들, 반항아들, 타고난 사고뭉치들, 네모난 구멍에 박힌 둥근 말뚝 같은 이들, 세상을 다르게 바라보는 사람들. 그들은 규칙을 싫어합니다. 또 현실에 안주하는 것을 원치 않습니다. 당신은 그들의 말을 인용할 수도 있고 그들에게 동의하지 않을 수도 있으며 그들을 찬양하거나 비난할 수도 있습니다. 당신이 할 수 없는 한 가지는 그들을 무시하는 것입니다. 왜냐하면 그들이 세상을 바꾸기 때문입니다. 그들은 인류를 앞으로 나아가도록 합니다. 어떤 이들은 그들을 보고 미쳤다고 하지만 우리는 그들을 천재로 봅니다. 자신이 세상을 바꿀 수 있다고 믿을 만큼 미친 자들……. 바로 그들이 실제로 세상을 바꾸기 때문입니다.

텔레비전 광고뿐만 아니라 지면 광고 캠페인도 사람들에게 강렬한 인상을 심어 주었다. 지면 광고에는 위대한 역사적 인물의 흑백 사진을 싣고 한쪽 구석에 애플 로고와 '다르게 생각하라'는 문구를 써 놓았다. 사진의 주인공 이름은 싣지 않았다. 아인슈타인이나 존 레논, 밥 딜런처럼 누구나 알 만한 유명인도 있었지만 마사 그레이엄, 마리아 칼라스처럼 일반 대중이 쉽게 알지 못하는 인물도 있었다. 그들은 모두 잡스가 존경하는 영웅이었다. 이들은 기꺼이 모험을 감수하고 실패에 굴하지 않으며 남과 다른 방식으로 새로운 것을 시도한 창의적인 사람들이었다.

잡스는 사람들에게 스스로를 창의적이고 혁신적인 반항아로 정의하도록 만들었다. 그 정의의 기준은 '어떤 컴퓨터 브랜드를 사용하는가'였다. 스티브 잡스는 첨단 기술 업계에서 라이프스타일 브랜드를 창조해 낸 유일한 인물이었다. 포르쉐나 페라리를 모는 사람들이 내가 모는 차가 나를 말해 준다고 여기듯 잡스는 애플을 쓰는 사람들이 애플이 나를 말해 준다고 느끼도록 만든 것이다.

애플에 복귀한 후 잡스는 각 부서별 회의를 열기 시작했다. 당시 애플은 각 제품마다 다양한 버전을 생산하고 있었다. 매킨토시 버전만 해도 10여 개가 넘었다. 잡스는 그것에 대해 3주 동안 설명을 들었다. 그러나 대체 무엇이 어떻게 다른지 전혀 감이 잡히지 않았다. 그래서 잡스는 이렇게 물었다.

"내 친구들에게 어떤 걸 사라고 하면 좋을까?"

질문만큼 간단하고 쉬운 대답이 나오지 않으면 잡스는 가차 없이 그 모델을 없애 버렸다. 곧 제품의 70퍼센트가 사라졌다. 이러한 방식에 수많은 엔지니어들이 반발했다. 모델이 없어지면 그 모델을 담당하는 직원들을 해고해야 했기 때문이다. 그러나 그런 것에 휘둘릴 잡스가 아니었다.

어느 날, 잡스는 중요 제품 전략 회의에서 외쳤다.

"이대로는 안 됩니다! 정신 나간 짓들을 하고 있다고요."

그는 매직펜을 들고 화이트보드 앞으로 성큼성큼 다가갔다. 그러고는 가로선과 세로선을 그어 커다란 정사각형을 네 칸 만들었다.

"지금 애플이 해야 할 일은 바로 이겁니다."

그는 사각형 위쪽에 '소비자용', '프로용'이라고 적고, 아래쪽에는 '데스크톱', '휴대용'이라고 적었다.

"이 네 가지의 뛰어난 제품을 만드는 것이 애플이 해야 할 일입니다."

잡스는 이사회에서도 같은 도표를 그렸다. 그러고는 매직펜으로 네 개의 사각형을 톡톡 두드리며 말했다.

"바로 여기에 집중해야 합니다."

누군가 반신반의하며 이렇게 물었다.

"당신이 옳을지도 모르겠소. 하지만 위험 부담이 높은 전략 아닙니까?"

"해낼 수 있습니다. 반드시 해낼 겁니다."

이후 애플은 잡스가 말한 네 개의 영역에만 집중하기 시작했다. 프로용 데스크톱으로 주력할 상품은 매킨토시 G3, 프로 휴대용에 해당하는 것은 파워북 G3였다. 소비자용 데스크톱은 이후 아이맥으로 탄생했고, 소비자 휴대용은 아이북을 탄생시켰다. 이 네 상품에 주력하면서 애플은 프린터나 서버, PDA의 생산을 전면 중단했다.

파산까지 채 90일도 남지 않았던 애플은 잡스가 복귀한 후 1997년 마지막 분기 동안 4500만 달러의 수익을 올렸다. 이제 애플의 비상이 시작되고 있었다.

헬로, 아이맥

잡스는 매킨토시라는 원래의 뿌리로 돌아가기로 결정했다. 그에게는 이 데스크톱 컴퓨터에 대한 확고한 계획이 있었다. 키보드와 모니터, 컴퓨터가 하나로 결합된 올인원 제품. 상자에서 꺼내자마자 곧바로 사용할 수 있는 제품. 애플의 비전을 구현하는 디자인의 제품. 이것이 잡스의 구상이었다.

디자인을 책임진 조너선 아이브는 매킨토시와 함께 성장한 맥의 열혈팬이었다. 단순성을 지향한다는 점에서 잡스와 아이브는 똑같은 취향을 갖고 있었다. 잡스는 진정한 단순성을 추구하는 기나긴 여정에서 마침내 아이브라는 영적인 동반자를 만나게 된 것이다. 아이브는 단순성에 대해 이렇게 말한다.

"우리는 왜 단순한 게 좋은 거라고 생각할까요? 물리적인 제품을 다룰 때 그것을 제압할 수 있다고 느끼고 싶어 하기 때문입니다. 복잡한 것에 질서를 부여하면 제품이 사용자에게 순종하도록 하는 방법을 찾을 수 있습니다. 단순함은 단지 시각적 스타일에 불과한 게 아닙니다. 미니멀리즘의 결과이거나 잡다한 것의 삭제도 아니에요. 진정으로 단순하기 위해서는 매우 깊이 파고들어야 합니다. 본질적이지 않은 부분들을 제거하기 위해서는 해당 제품의 본질에 대해 깊이 이해하고 있어야 합니다."

이것이 바로 잡스와 아이브가 공유한 디자인의 근본 원칙이었다. 그들은 단순히 훌륭한 디자인을 원한 게 아니었다. 제품의 본질을 손상 없이 순수하게 드러내는 것이 그들의 공통된 목표였고, 당연히 나아갈 길은 험난할 수밖에 없었다.

아이브와 그의 팀은 끊임없이 디자인을 하고 그 시안을 잡스에게 보였다. 거의 대부분 잡스는 퉁명스럽게 퇴짜를 놓았다. 다만 그 중 하나에 대해서는 관심을 보였다. 곡선으로 이루어진 재미있는 모양으로 테이블에 뿌리를 내려 절대 움직일 수 없을 것처럼 생긴 여느 데스크톱과는 생김새부터 전혀 달랐다.

"이 모형은 책상에 갓 올려놓은 듯한 느낌, 혹은 금방이라도 들고서 어디론가 떠날 수 있을 것 같은 느낌을 줍니다."

아이브의 설명에 잡스는 역시 퉁명스럽게 대꾸했다.

“가능성은 있겠네.”

아이브는 그 모형을 더욱 개선해서 다시 보여 주었다. 이번에는 잡스의 얼굴에 미소가 떠올랐다. 그는 그 모형을 들고 본사 이곳저곳을 돌아다니기 시작했다. 그러다 신임하는 직원이나 이사를 만나면 자랑스럽게 보여 주었다. 그것은 잡스가 처음으로 만난 ‘새로운 무언가’였다.

이 모형의 케이스는 반투명으로 만들어져 내부를 들여다볼 수 있었다. 잡스는 내부가 전혀 보이지 않을 때도 회로 기판 위의 칩 배열이 깔끔해야 한다고 주장했다. 이제는 안이 들여다보임으로써 그것을 조화롭게 배치하는 데 들인 정성을 사용자들에게 고스란히 보여 줄 수 있게 된 것이다. 이 흥미로운 디자인은 진정한 단순성이 수반하는 깊이를 잘 드러내고 있었다.

디자인의 마무리는 상단에 자리 잡은 손잡이였다. 데스크톱 컴퓨터를 들고 다닐 사람들은 많지 않았다.

그런데도 잡스는 아이브가 장난스럽게 단 손잡이를 보자마자 탄성을 내질렀다.

“우와, 좋은데!”

아이브가 손잡이를 단 것은 단순한 장난만은 아니었다. 그때만 해도 사람들은 첨단 기술을 편안하게 받아들이지 못했다. 상단에 달린 손잡이는 사람들로 하여금 쉽게 다가갈 수 있다는 느낌을 주었다. 잡스는 손잡이가 아이맥에 담긴 친근함과 재미의 일부분이라는 것을 즉각 간파한 것이다.

엔지니어인 루빈스타인과 그 팀원들은 번번이 현실적인 비용 문제를 거론했다. 한번은 잡스가 엔지니어에게 견본을 보여 주었더니 곧장 그걸 만들 수 없는 서른여덟 가지의 이유를 늘어놓았다. 잡스는 그의 말이 끝나자 이렇게 말했다.

"아니, 아니. 우리는 이걸 해야 해."

그러자 엔지니어가 고개를 갸웃거리며 물었다.

"대체 왜요?"

"내가 CEO니까. 나는 이걸 충분히 할 수 있다고 생각해."

엔지니어는 결국 잡스의 요구에 따를 수밖에 없었다.

잡스는 리 클라우를 비롯한 광고대행사 사람들에게 비행기를 타고 와서 신제품을 봐 달라고 요청했다. 잡스는 보안이 삼엄한 디자인 스튜디오로 그들을 데려간 다음 보자기를 들췄다. 그 안에서 모습을 드러낸 것은 반투명 눈물 모양의 컴퓨터였다. 리 클라우는 한동안 말을 잇지 못했다. 무엇이라 말을 해야 할지 알 수 없었기 때문이다. 그건 너무나 파격적이었다.

"이 녀석의 이름을 지어 주세요."

리 클라우와 켄 시걸은 다섯 개의 이름을 가지고 잡스를 찾아왔다. 그중에는 아이맥이라는 이름도 있었다. 잡스는 제품 몇 개에 실크스크린으로 iMAC이라는 이름을 인쇄해 보았다. 그는 차츰 그 이름이 마음에 들기 시작했다. 신제품의 이름은 아이맥으로 결정되었다.

프레젠테이션은 예술이다

출시 프레젠테이션 리허설이 다가왔다. 그때까지 누구도 최종 완성품을 본 적이 없었다. 아이맥을 살피던 잡스가 화면 아래 버튼이 하나 달린 것을 보았다. 그것을 누르자 CD 트레이가 튀어나왔다.

"젠장! 이건 또 뭐야?"

아무도 입을 열지 않았다. 그게 뭔지 잡스가 모를 리 없었다.

"내가 슬롯 드라이브로 하자고 했지요?"

슬롯 드라이브는 고급 자동차에 사용되는 것이었다. 격노한 잡스는 엔지니어를 내쫓고는 루빈스타인에게 전화를 걸었다.

"스티브, 이건 우리가 지난번에 보여 줬던 바로 그 드라이브예요."

"아니, 분명 트레이는 없었소. 슬롯이었지."

루빈스타인도 이번에는 양보하지 않았다.

"분명 트레이였고, 스티브도 거기에 동의했습니다."

잡스는 거의 울기 직전이었다. 리허설은 연기되었다.

"이따위로는 출시할 수 없어."

루빈스타인은 어처구니가 없었다. 지난번에 잡스에게 보여 준 것은 분명 트레이였다. 게다가 이런 일로 출시를 할 수 없다니.

"그럴 순 없습니다. 반드시 출시해야 합니다."

그러자 잡스가 슬픈 얼굴로 루빈스타인을 바라보며 말했다.

"최대한 신속히 슬롯 방식으로 가겠다고 합의하면 제품 출시를 진행하지요."

결국 그들은 아이맥의 다음 버전에서 트레이를 슬롯 드라이브로 교체하기로 합의하고 리허설을 계속했다.

신제품 발표회에서 보여 줄 영상에도 문제가 생겼다. 영상 속에서 조니 아이브가 등장해 이렇게 묻는다.

"젯슨 가족은 어떤 컴퓨터를 사용했을까요?"

그 순간 〈우주 가족 젯슨〉의 영상을 보여 주기로 되어 있었다. 그런데 리허설 조연출이 갑자기 튀어나오며 외쳤다.

"이 장면은 쓸 수 없습니다. 제작사에서 애니메이션 사용을 허가하지 않겠답니다."

잠시 고민하던 잡스가 말했다.

"그대로 둬요."

"하지만 무단 사용 금지 규정이 있는데요."

"상관없어요. 그대로 쓸 겁니다."

리허설이 계속 진행되었다. 그는 무대를 가로질러 걸어가며 "새롭게 선보이는 아이맥을 반겨 주십시오"라고 선언하는 클라이맥스 부분을 몇 번이고 거듭 점검했다. 그가 원한 것은 아이맥의 반투명한 색감을 선명하게 보여 줄 수 있는 완벽한 조명이었다. 몇 차례나 반복했지만 그는 만족할 수 없었다.

"조명의 밝기를 높이고 불을 좀 더 일찍 켜 봅시다."

그래도 그는 여전히 흡족하지 않았다. 무대 아래로 내려간 그는 중앙 좌석에 앉아 두 다리를 앞좌석에 걸친 채 말했다.

"제대로 될 때까지 계속해 봅시다. 알겠죠?"

다시 조명이 켜졌다.

"아냐! 이게 아니라고. 뭐 하나 제대로 하는 게 없군."

다음번에는 조명의 밝기는 충분했다. 그러나 불이 너무 늦게 들어왔다.

"똑같은 이야기를 대체 몇 번이나 해야 됩니까? 지겨워 죽겠네."

마침내 아이맥이 정확한 타이밍에 눈부시게 빛났다. 순간 잡스의 입에서 환호성이 터져 나왔다.

"그래, 바로 이거야, 이거! 정말 멋지군!"

1984년 매킨토시를 처음 출시할 때 잡스는 새로운 드라마를 창조했다. 신제품의 출시를 이벤트로 만든 것이다. 이번에도 잡스는 디엔자 대학교 플린트 강당이라는 상징적인 장소를 선택했다. '1984년'의 바로 그 장소였다. 쇼가 다시 시작되었다.

프레젠테이션이 시작되자 청바지와 검은 터틀넥을 입은 잡스가 천천히 무대로 걸어 나왔다. 검은 터틀넥은 잡스의 유니폼과도 같았다. 1980년대 초 일본을 방문한 잡스는 소니의 전 직원이 입고 있는 유니폼을 인상 깊게 보았다. 미국에 돌아온 그는 유명 디자이너 이세이 미야케에게 애플의 유니폼을 맡겼다. 견본 몇 벌을 소개했지만 애플의 직원들은 야유를 보냈다. 그 바람에 애플 직원들에게 유니폼을 입히는 데는 실패하고 말았다. 대신 그는 미야케에게 자신을 위한 유니폼을 만들어 달라고 부탁했다. 일상적으로 편할 뿐만 아니라 자신의 스타일을 표현할 수도 있다고 생각했기 때문이다.

"이세이, 내가 탐내던 자네의 검은색 터틀넥을 몇 벌 만들어 줄 수 있겠어?"

잡스의 부탁을 받은 미야케는 무려 100벌의 검은색 터틀넥을 만들어 주었다. 그 이후 검은색 터틀넥은 잡스를 상징하는 유니폼이 되었다.

잡스가 무대 중앙에 놓인 테이블 앞에 서자 박수가 쏟아졌다. 잡스의 눈이 촉촉하게 젖어들었다. 이제 그의 새로운 자식을 선보일 차례였다.

"저는 오늘 이후 달라질 컴퓨터의 새로운 모습을 여러분께 보여 드리려고 합니다."

잡스는 테이블 위에 씌워진 천을 휙 걷어 냈다. 그에 맞춰 환한 조명이 아이맥을 비췄다. 바다 빛깔의 반투명한 눈물 모양을 한 아이맥이 조명을 받아 환하게 반짝거렸다. 잡스가 마우스 버튼을 누르자 이 컴퓨터로 할 수 있는 놀라운 일들을 보여 주는 다양한 이미지가 빠르게 흘러갔다. 마지막으로 매킨토시의 화면을 장식했던 '반가워'라는 인사말이 당시와 똑같은 글씨체로 떠올랐다. 괄호 속에 넣은 '다시 만나서'라는 말이 아랫줄에 덧붙었다.

"마치 다른 행성에서 온 것 같아 보이지 않나요? 아주 좋은 행성, 더 훌륭한 디자이너가 있는 행성에서 말입니다."

한 편의 드라마와 같은 잡스의 프레젠테이션은 이번에도 극적인 효과를 발휘했다. 그 자리에 모인 사람들은 잡스에게 완전히 사로잡혔다. 카민 켈로라는 사람은 『스티브 잡스 프레젠테이션의 비밀』이라는 책에 이렇게 적었다.

"잡스의 프레젠테이션을 보는 청중의 뇌에서는 급격히 도파민이 분비된다."

가장 극적인 효과를 창출하기 위해 잡스는 슬라이드에 들어갈 내용과 연설의 요점을 직접 작성하고 수정한 다음, 동료들과 함께 심사숙고하며 몇 차례고 완벽해질 때까지 개선했다. 프레젠테이션 전날까지도 그는 수정을 멈추지 않았다. 동영상 편집에서부터 조명, 무대에 놓인 것들의 위치, 등장할 때의 걸음걸이에 이르기까지 이 모든 것을 잡스는 철저하게 준비하고 연습했다. 그는 일점의 오차도 실수도 허용하지 않았다. 그에게 프레젠테이션은 상품의 가치를 결정하는 결정적인 자리였기 때문이다. 프레젠테이션은 잡스에게 일종의 예술이었다.

아이맥 프레젠테이션이 끝난 후 언론은 이렇게 평가했다.

"업계를 바꿔 놓을 성공작!"(『포브스』)

"공상과학소설의 번뜩임과 칵테일 우산의 키치적 느낌이 혼합된 하드웨어다. 아이맥은 지난 수년간 등장한 컴퓨터 가운데 가장 멋지게 생겼을 뿐만 아니라 실리콘밸리의 원조 꿈의 기업이 이제 몽유병을 떨쳐 냈음을 당당히 선언하는 제품이다."(『뉴스위크』)

아이맥은 1998년 1299달러에 시판되었고, 처음 6주 동안 27만 8000대, 그해 말까지 80만 대가 팔리며 애플 역사상 가장 빠르게 판매된 컴퓨터가 되었다.

꿈의 매장 애플 스토어

컴퓨터 판매는 동네 컴퓨터 전문점에서 대형 체인점 및 할인점으로 옮겨 가고 있었다. 대형 매장의 종업원 대부분은 애플만의 독특한 특징을 설명할 지식도 의지도 갖고 있지 않았다. 그들이 신경쓰는 건 50달러의 판매 수당뿐이었다. 다른 컴퓨터들과 달리 애플 제품은 혁신적인 기능을 갖고 있었고 가격도 더 비쌌다. 그런 제품이 다른 제품들 사이에 두서없이 섞인 채 진열되었다.

잡스는 1999년 말부터 비밀리에 면접을 실시했다. 그중 눈에 띄는 사람이 하나 있었다. 론 존슨이라는, 대형 할인점 '타깃'의 상품 기획 부문 부사장이었다.

2000년 1월에 존슨이 다시 면접을 보러 왔을 때 잡스는 함께 산

책을 하자고 했다. 잡스가 존슨을 데려간 곳은 140개의 매장이 있는 스탠퍼드 쇼핑몰이었다. 이 쇼핑몰에는 컴퓨터 관련 매장이 없었다. 그곳을 둘러본 존슨이 그 이유를 이렇게 설명했다.

"컴퓨터처럼 자주 사지도 않고 살 때 목돈이 드는 물건을 구입할 때는 소비자들이 어떤 곳이라도 적극적으로 찾아간다는 게 통상적인 생각입니다. 그래서 컴퓨터 매장은 이런 쇼핑몰보다 임대료가 더 싼 지역에 있죠."

"내 생각은 달라요. 소비자들이 10킬로미터 이상을 달려와서 우리 제품을 사게 해서는 안 됩니다. 열 걸음 정도만 걸어오게 해야죠."

잡스가 특히 노리고 있는 소비자는 윈도PC 사용자였다. 그들을 아이맥으로 끌어들여야 했다.

"만약 우리 매장이 충분히 매력적이라면 소비자들이 호기심을 느껴 안으로 들어올 겁니다. 그들에게 우리 제품을 보여 줄 기회만 생긴다면 분명 그들의 마음을 사로잡을 수 있어요."

존슨이 물었다.

"애플이 갭(GAP : 미국의 유명한 의류 브랜드)만큼 큰 브랜드인가요?"

"아뇨. 갭보다 훨씬 더 큰 브랜드입니다."

"그렇다면 매장도 갭보다 훨씬 더 커야 합니다. 그렇지 않으면 의미 있는 이미지를 전달하지 못하거든요."

그 순간 잡스는 "좋은 회사는 제품과 서비스에 가치를 귀속해야 한다"는 마이크 마쿨라의 가르침을 떠올렸다. 포장부터 마케팅에 이르기까지 모든 면을 통해 브랜드의 가치와 중요성을 전달해야 한다는 뜻이었다. 존슨의 말이 옳았다. 매장에도 마쿨라의 가르침이 적용되어야 하는 것이다.

그날, 두 사람은 회사로 돌아와 애플 제품들을 가지고 놀았다. 제품 종류가 많지 않아 매장을 채우기도 부족한 정도였다. 하지만 그것은 오히려 장점이 될 수도 있었다.

"기존과 다른 매장을 만드는 거예요. 미니멀하고 넓고 쾌적하며, 사람들이 제품을 사서 사용해 볼 수 있는 그런 매장 말이에요."

존슨의 생각도 비슷했다.

"맞아요. 대다수 사람들은 아직 애플을 몰라요. 그들에게 애플은 일종의 컬트죠. 애플은 이제 컬트적인 것에서 더 멋진 것으로 변해야 해요. 사람들이 직접 제품을 만지면서 이것저것 시도해 볼 수 있는 근사한 매장이 생기면, 그 목표를 이루는 데 도움이 될 겁니다."

이사회는 잡스의 구상에 감동하지 않았다. 게이트웨이 컴퓨터가 교외 지역에 그런 매장들을 오픈했다가 실패하고 있었기 때문이었다. 그러나 잡스를 지지하는 이사들도 있었다. 많은 말들이 오간 끝에 시험 삼아 네 군데의 매장을 운영해 보라는 승인이 떨어졌.

잡스는 회사 근처에 있는 빈 창고를 빌렸다. 그곳이 애플 스토어를 위한 아이디어 창고였다. 그들은 6개월 동안 매주 화요일마다 그곳에 모여 오전 내내 서로의 소매 철학을 갈고닦았다. 그동안 잡스의 머릿속에서 애플 스토어가 차츰 진화하기 시작했다.

2000년 10월, 원형 스토어의 준비가 거의 마무리된 시기였다. 화요일 회의 전날 밤, 잠자리에 들었던 존슨은 근본적인 문제가 있다는 것을 깨닫고 자리에서 벌떡 일어났다. 그들은 애플의 주요 제품들을 중심으로 매장을 구성한 상태였다. 즉 매장 내부가 파워맥 구역, 아이맥 구역, 아이북 구역, 파워북 구역으로 나뉠 터였다. 그날 밤 존슨이 떠올린 것은 '모든 디지털 활동의 허브가 되는 컴퓨터'라는 잡스의 새로운 개념이었다.

다음 날 아침 일찍 존슨은 허겁지겁 잡스에게 달려갔다.

"문제가 있어요. 매장 구조를 변경해야 합니다. 당신의 말대로 애플 스토어는 모든 디지털 활동의 허브가 되는 컴퓨터를 실현할 수 있는 곳이어야 해요. 그러려면 영화 구역을 마련해서 그곳에 아이무비 소프트웨어가 구동되는 여러 대의 맥과 파워북을 설치하고, 사람들에게 비디오카메라의 영상을 컴퓨터로 불러들여 편집하는 과정을 보여 줘야 합니다. 즉, 컴퓨터 제품군 중심으로 구역을 나눌 게 아니라 사람들이 하고 싶어 하는 행위 중심으로 나누어야 한다고요."

존슨의 말이 끝나자 잡스가 벌떡 일어나 사무실 안을 여기저기 돌아다니며 고함을 질렀다.

"그러려면 얼마나 큰 변화가 필요한지 알기나 해요? 나는 이 매장에 6개월이나 매달렸어요. 그런데 이제 와서 이 모든 걸 다 바꾸자는 말이오?"

잡스는 돌연 목소리를 낮추더니 이렇게 말했다.

"나는 지쳤어요. 매장을 처음부터 다시 디자인하는 일을 해낼 수 있을지 없을지 모르겠다고요. 그러니 제발 아무 말도 하지 말아요. 다른 팀원들에게도 한마디도 하지 말아요."

그들은 원형 스토어로 향했다. 차 안에서도 잡스는 존슨에게 아무 말도 하지 못하게 했다. 침묵 속에서 7분이 지났다. 원형 스토어에는 팀원들이 회의를 위해 기다리고 있었다. 잡스가 회의를 시작했다.

"론의 생각에 따르면 우리는 매장을 잘못 만들었습니다. 그는 매장이 제품 중심이 아닌, 사람들이 하고 싶어 하는 행위 중심으로 구성되어야 한다고 생각합니다. 그의 말이 옳아요. 1월 공개는 불가능하겠어요. 3~4개월 더 걸리더라도 매장 설계를 다시 할 겁니다. 우리가 문제를 바로잡을 수 있는 단 한 번뿐인 기회니까요."

2001년 5월 19일, 첫 번째 애플 스토어가 버지니아 주의 대형 쇼핑몰 타이슨스 코너에 문을 열었다. 표백한 목재를 깐 바닥 위에 깨끗하게 반짝이는 백색의 판매대가 놓인 가게였다. 한쪽 벽면에는 비틀즈의 멤버 존 레논과 그의 아내 오노 요코의 모습을 담은 거대한 크기의 포스터가 걸려 있었다. '다르게 생각하라'는 애플의 문구가 선명하게 돋보였다.

그해에 애플 스토어는 연 매출 12억 달러를 달성함으로써 소매 업계 사상 첫 10억 달러 돌파라는 이정표를 세웠다.

애플 스토어는 나날이 진화했다. 2006년에 문을 연 맨해튼 5번로의 애플 스토어에는 잡스의 열정이 고스란히 담겨 있다. 큐브 형태의 입구, 독특한 계단, 유리, 미니멀리즘을 통한 최대한의 표현 등이 그 결과물이다. 하루 24시간 문을 여는 이 매장은 개점 첫해에 매주 5만 명의 방문객을 끌어들임으로써 유동 인구가 많은 지역에 매장을 열어야 한다는 잡스의 전략이 옳았음을 증명했다.

잡스는 신제품을 발표할 때와 마찬가지로 애플 스토어를 개점할 때도 세상의 이목을 집중시켰다. 애플 스토어가 개점하는 날, 그곳으로 여행을 가서 건물 바깥에서 밤을 새우며 개점을 기다리는 사람들까지 등장할 정도였다. 애플 스토어 개점식이 일종의 사회적 이벤트가 된 것이다.

최초의 매장이 문을 연 지 10년 이상이 지난 현재, 전 세계에 개점한 애플 스토어는 329개이다. 매장 한 곳당 평균 방문자 수는 일주일에 1만 7600명이고 평균 수입은 3400만 달러이며, 2010 회계 연도의 순매출 총액은 98억 달러에 달한다. 애플 스토어에서 직접

적으로 발생하는 수익은 애플 전체 수익의 15퍼센트에 불과하다. 그러나 애플 스토어가 창출하는 사회적 이슈와 그로 인한 브랜드 인지도의 상승은 애플이 하는 모든 일에 힘을 실어 주고 있다.

6장

세상을 뒤흔든 혁명

주머니 속의 혁명 아이팟

2001년 무렵, 애플은 PC회사로 우뚝 섰다. 잡스와 워즈니악이 애플을 창업한 이래 25년 동안 PC는 디지털 혁명의 중심을 차지했다. 전문가들은 PC가 그러한 역할을 하는 시대가 곧 끝나리라 추측했다. 그러나 잡스는 PC가 주변부로 밀려날 거라고 생각하지 않았다. 오히려 뮤직 플레이어에서부터 비디오 레코더, 카메라에 이르기까지 다양한 기기들을 하나로 연결시키는 '디지털 허브' 역할을 하리라는 것이 잡스의 판단이었다. 바로 이 시점에서 잡스는 애플뿐 아니라 기술 산업 전반을 변화시킬 위대한 전략에 착수했다.

2000년 무렵에는 CD에 든 음악을 컴퓨터로 추출하거나 파일 공유 서비스를 통해 음악 파일을 다운로드 한 뒤 공 CD에 구워서 듣는 것이 대유행이었다. 그럼에도 애플은 그 요구에 부응하지 못하고 있었다. 만회하기 위해서는 필사적인 노력이 필요했다. 잡스는 시중에 출시된 음악 프로그램들을 살펴보고 나서 이렇게 말했다.

"너무 복잡해. 머리가 천재적으로 좋아야 기능의 절반 정도나 파악할 수 있겠군."

잡스는 2001년 1월, 지금까지의 음악 프로그램보다 훨씬 단순한 아이튠즈를 공개하면서 이렇게 선언했다.

"아이튠즈와 함께 음악 혁명에 동참하십시오. 그리고 여러분의 음악 기기를 열 배 더 가치 있게 활용하십시오."

박수갈채를 받으며 잡스가 외친 구호는 그대로 아이튠즈의 광고 문구가 되었다.

'리핑하고 믹싱하고 구워라.'

아이튠즈를 만드는 동안 잡스는 아이튠즈 소프트웨어와 연동하는 뮤직 플레이어를 개발할 수 있다는 사실을 깨달았다. 아이튠즈에 연계하면 기기는 더욱 단순해질 수 있을 터였다. 복잡한 작업은 컴퓨터에 맡기고 간단한 것만 기기에서 처리하면 되기 때문이었다. 이미 출시되어 있는 뮤직 플레이어들은 담을 수 있는 곡이 고작 열여섯 곡 정도였고 사용법도 복잡하기 이를 데 없었다.

2000년 가을부터 잡스는 휴대용 뮤직 플레이어의 개발에 매달렸다. 잡스의 요청을 받고 루빈스타인은 소형 LCD 스크린과 충전

가능한 리튬 폴리머 배터리를 확보했다. 하지만 훌륭한 뮤직 플레이어를 만들려면 크기가 작으면서도 메모리는 방대한 디스크 드라이브를 찾아야만 했다.

그 무렵 루빈스타인은 애플의 공급업체를 방문하기 위해 일본에 갔다. 도시바와의 정례회의가 끝나갈 무렵, 엔지니어들이 그해 6월에 완성될 신제품에 대해 말했다.

"크기가 아주 작은 1.8인치 드라이브로 용량은 5기가바이트(약 1000곡 정도를 담을 수 있는 용량)인데, 이걸로 대체 뭘 해야 할지 모르겠어요."

도시바 엔지니어들이 가져온 그 드라이브를 본 순간 루빈스타인은 즉시 그걸로 무엇을 할 수 있는지 깨달았다. 그는 간신히 흥분을 감추었다. 주머니 속에 1000곡의 노래를 넣고 다닌다! 바로 이것이었다. 마침 그때 잡스도 도쿄에 와 있었다. 그날 밤, 루빈스타인은 잡스가 머무는 호텔로 달려갔다.

"문제를 해결할 방법을 찾았습니다. 1000만 달러짜리 수표 한 장만 있으면 됩니다."

잡스는 더 묻지도 않고 즉시 허락했다. 루빈스타인은 도시바와 그 새로운 디스크 드라이브에 대한 독점 계약을 맺는 한편 개발 팀을 이끌 인물들을 찾아 나섰다. 그가 발견한 사람은 미시간 대학 시절 세 번이나 창업한 적이 있는 프로그래머 토니 파델이었다.

2001년 4월, 애플의 4층 회의실에 뮤직 플레이어 팀이 모두 모였다. 잠시 후 잡스가 들어왔다. 자유분방한 파델도 잠시 긴장했다. 잡스에 관한 무시무시한 일화들을 너무 많이 들었던 것이다.

파델은 아이팟에 사용될 다양한 부품들을 상자에서 꺼내 탁자 위에 펼쳐 놓고 발표를 시작했다. 이어서 파델은 자신이 준비한 모형들을 공개했다. 첫 번째 모형에는 메모리 카드를 자유롭게 장착할 수 있는 슬롯이 있었다. 잡스는 너무 복잡하다며 거부했다. 두 번째는 D램을 사용해서 가격은 저렴하지만 배터리가 다 되면 메모리에 들어 있는 음악 파일이 모두 사라질 수 있는 위험이 있었다. 잡스는 이것도 거부했다. 세 번째로 파델은 부품 몇 개를 조립하여 1.8인치 하드 드라이브를 장착하면 어떤 형태가 되는지 보여 주었다.

"이걸로 하지요. 하드 드라이브 방식으로 갑시다."

파델은 어안이 벙벙했다. 지금까지 일한 회사에서는 이런 결정을 내리기까지 수많은 회의가 열렸던 것이다.

다음은 필 실러의 차례였다. 그가 보여 준 모든 모형의 앞에는 똑같은 장치가 달려 있었다.

"사용자들이 재생 목록을 편리하게 살펴볼 방법이 무엇일까 계속 고민했습니다. 버튼을 몇백 번이나 누를 수는 없지요. 그래서 휠이 있으면 근사하지 않을까 생각한 겁니다."

실러가 휠을 돌리자 곡 제목이 스크롤 되었다. 휠은 돌릴수록 빨

라져서 수백 개의 곡도 손쉽게 살펴볼 수 있었다. 잡스가 외쳤다.

"바로 그거야!"

머지않아 엄청나게 유명해질 트랙휠이었다.

이때부터 잡스는 매일 이 일에 매달렸다. 그의 주문은 단 하나였다.

"간단하게 만들라!"

예컨대 그는 노래든 기능이든 클릭 세 번 이내에 찾아지고 실행되길 원했다. 그리고 그 클릭은 직관적이어야 했다. 사람들은 아이팟에서 전원 스위치를 제거하라는 잡스의 말에 경악을 금치 못했다.

"전원 스위치는 전혀 필요가 없는 장치예요. 사용하지 않을 때는 자동으로 '동면' 상태에 들어갔다가 사용자가 아무 버튼이나 누르면 다시 깨어나도록 만들면 되잖아요? 굳이 기기를 꺼내고 버튼을 눌러서 '작별을 고하게' 만들 필요가 있나요?"

그의 말이 옳았다. 갑자기 모든 것이 제자리를 찾으며 조화를 이루었다. 1000곡을 담을 수 있는 칩, 1000곡을 손쉽게 탐색할 수 있는 인터페이스와 스크롤 휠, 1000곡을 10분 내로 옮길 수 있는 파이어와이어 연결, 1000곡을 재생하는 내내 지속되는 배터리까지. 그 순간 모두 서로를 쳐다보았다. 다들 똑같은 심정이었다.

"이거 정말 멋진 물건이 되겠는데!"

개념 자체도 아름답다고 할 만큼 단순해졌다.

'1000곡의 노래를 주머니 속에.'

카피라이터 한 명이 제품 이름을 '팟(Pod)'으로 하자고 제안했다. 이 멋진 물건은 아이맥과 아이튠즈에서 i를 따서 iPod이라고 불리게 되었다.

이제 디자인만 남았다. 그건 아이맥을 탄생시킨 조니 아이브의 몫이었다. 그가 아이디어를 떠올린 것은 어느 날 아침 회사로 향하는 차 안에서였다.

"순백색으로 해야겠어요. 순백색이지만 일회용품처럼 가볍지 않은, 특별한 무게감을 담아야 해요."

아이브는 기기는 물론 이어폰과 케이블, 충전용 어댑터까지 모두 새하얗게 만들 생각이었다. 주변에서는 당연히 검은색으로 가야 한다고 말렸다. 잡스만이 아이브의 생각을 곧바로 이해하고 받아들였다.

아이팟의 마지막 관문은 광고였다. 리 클라우는 기기의 기능을 중심으로 하는 전통적인 방식 대신 아이팟의 우상적 성격과 백색을 강조하기로 했다. 아이팟을 들으며 춤을 추는 사람의 실루엣만 보이고, 백색 이어폰 줄이 그 흐름에 자연스레 찰랑거리는 모습이었다. 그 위로 '1000곡의 노래를 주머니에'라는 문구를 적었다. 그 한마디가 아이팟의 모든 것을 설명해 주었다.

2001년 10월 23일, 잡스는 이제 그의 상징이 되어 버린 프레젠테이션을 통해 아이팟을 처음 공개했다. 사람들의 호기심을 집중시킨 초청 문구는 이러했다.

'힌트, 맥은 아닙니다.'

신제품의 기능을 설명하고 제품을 공개할 차례가 되었으나 잡스는 이전처럼 탁자로 걸어가 벨벳 천을 걷어 내지 않았다. 그 대신 그는 문득 멈춰 서더니 이렇게 말했다.

"마침 제 주머니에 그것이 들어 있습니다."

잡스는 청바지 주머니에 손을 넣어 반짝이는 하얀 기기를 꺼냈다.

"이 놀랍고 자그마한 기기에 1000곡의 노래가 담겨 있습니다. 제 주머니에 쏙 들어가는군요."

그는 아이팟을 다시 주머니에 넣고 박수를 받으며 유유히 퇴장했다.

아이팟은 폭발적인 연쇄 반응을 낳았다. 머지않아 아이팟은 애플이 지향하는 모든 것의 정수가 되었다. 시와 공학의 결합, 예술과 기술의 교차, 대담하면서도 단순한 디자인. 이것이 바로 애플의 핵심인 것이다.

아이팟이 소개된 날, 한 기자가 어느 만찬 행사에서 우연히 빌 게이츠를 만났다. 그는 게이츠에게 아이팟을 보여 주었다.

"혹시 이거 보셨어요?"

빌 게이츠는 신기한 물체와 마주친 외계인처럼 아이팟을 들여다보았다. 화면에 시선을 고정한 채 스크롤 휠을 조작하기도 하고 버튼 조합도 하나하나 전부 눌러 본 게이츠가 마침내 입을 열었다.

"굉장한 제품이네요."

잠시 말을 멈춘 그는 곤혹스러운 표정으로 이렇게 물었다.

"그런데 이거 매킨토시에서만 연결되나요?"

아이팟은 단순한 제품에 그치는 게 아니었다. 아이팟은 하나의 문화 현상이 되었다. 사람들은 컴퓨터의 시대가 막을 내리고 있다고 예측했다. 그러나 잡스는 아이팟을 통해 PC를 다시 중심에 우뚝 세웠다. 컴퓨터는 장차 어디까지 펼쳐질지 알 수 없는 무한한 디지털 허브의 중심이 될 터였다.

음악 산업의 전환점, 아이튠즈 스토어

2002년 초, 잡스는 아이팟 사용자들이 간단하고 합법적으로 음악을 다운로드 할 수 있는 방법을 찾기 시작했다. 아이팟 사용자들이 새 음악을 구하려면 CD를 사거나 인터넷으로 음악 파일을 다운로드 해야 하는 상황이었다. 그 무렵 음악을 다운로드 한다는 것은 대개 불법적이라는 의미였다. 음반 업계의 상황도 쉽지 않았다. 그들은 무료로 음악을 구할 수 있게 하는 저작권 침해 서비스 때문에 큰 타격을 입고 있었다. 음반사들은 디지털 음악 복제 방지를 위한 공통 기준을 만들려고 노력하는 중이었다. 그러나 잡스는 저작권 침해를 막는 최선의 방법은 매력적인 대안을 제공하는 것이라 믿었다. 잡스는 저작권을 침해하고 있는 수많은 사용자가 도둑질을 원한다고 생각하지 않았다. 손쉽게 구할 방법이 없기 때문에 어쩔 수 없이 도둑질을 하게 되는 것일 터였다. 잡스는 음반사, 아티스트, 애플 사용자 모두가 승자가 될 수 있는 방법을 찾고 있었다.

잡스는 '아이튠즈 스토어'를 만들기로 결정하고 상위 5위권 내의 음반사와 접촉을 시도했다. 그 어느 때보다 더 많은 시간과 노력이 들어갔다. 기존의 사업 방식에 젖어 있는 사람들을 협상의 테이블로 끌어내는 게 쉽지 않았던 것이다.

"아이튠즈 스토어에서 여러분 회사의 곡들을 개별적으로 판매하면 불법 다운로드는 걱정하지 않아도 될 겁니다."

하지만 음반사들은 앨범 단위가 아니라 곡별로 개별 판매한다는 점을 내켜 하지 않았다. 그럴 경우 앨범의 나머지 곡들이 묻힐 가능성이 있기 때문이었다.

"불법 복제와 온라인 다운로드 때문에 앨범은 이미 해체된 상태예요. 아직도 그걸 깨닫지 못하신 겁니까? 개별 곡 단위로 팔지 않는 한 불법 복제와 싸우는 일 자체가 불가능합니다."

음반사들은 잡스가 제안한 곡당 99센트라는 가격도 마음에 들어 하지 않았다. 당시 몇 개의 음반사들은 월 단위 가입형 모델을 사용하고 있었다. 잡스는 사람들이 어떤 노래를 월 단위로 빌리는 것보다 영원히 소유하려 할 것이라 믿었다.

"가입형 서비스가 얼마나 지속될지 모르겠지만 결코 주류가 될 수는 없을 겁니다. 게다가 아이튠즈 스토어는 시장 점유율이 5퍼센트에 불과한 매킨토시에서만 서비스됩니다. 그러니까 여러분들은 큰 위험을 감수하지 않고서 시험해 볼 수 있지 않겠어요? 설령 아이튠즈 스토어가 실패로 끝난다 해도 여러분들이 타격을 입지는 않을 겁니다."

워너 뮤직은 애플과 계약하기로 했다. 워너와 애플은 음악 파일을 다른 기기로 복사할 수 있는 횟수, 복제 방지 시스템의 작동 방식 등에 관해 곧 합의했고, 다른 음반사들을 끌어들이는 데 착수했다.

첫 번째 목표는 유니버설 뮤직의 수장 더그 모리스였다. 에미넴, U2, 머라이어 캐리 등 유명 아티스트들이 유니버설 소속이었다. 모리스는 잡스가 모든 것을 묶어 아이튠즈 스토어에 담았다는 사실에 놀랐다. 그는 음반사가 미처 보지 못한 비전을 잡스가 제시하고 있다는 것을 확신했다. 잡스에게 매료당한 모리스는 유니버설 산하 인터스코프 게펜 A&M 음반사의 책임자인 지미 아이오빈을 애플로 보냈다. 절친한 친구이기도 한 지미의 소감을 듣고 싶었던 것이다. 아이오빈이 쿠퍼티노로 찾아왔을 때 잡스는 이렇게 말했다.

"얼마나 간단한지 보여 드릴까요?"

아이튠즈를 직접 확인한 아이오빈은 곧장 모리스에게 전화를 걸었다.

"자네 말이 맞아! 바로 이거야."

이제 남은 것은 소니였다. 소니 음악 부문의 책임자 앤디 랙은 아이튠즈 가입이 불가피하다는 사실을 알고 있었다. 게다가 이미 다른 음반사들은 잡스에게 넘어간 상태였다. 또한 랙은 알고 있었다. 아이튠즈가 곧 아이팟의 판매 증가로 이어질 것임을. 그래서 그는 음반사들도 아이팟의 성공에 기여한 바가 있으니 아이팟이 판매될 때마다 로열티를 받아야 한다고 생각했다. 그러나 다른 음반사들의 생각은 거기까지 미치지 못했고, 결국 소니도 아이팟 로열티를 포기할 수밖에 없었다. 랙의 예측대로 아이튠즈는 아이팟의 매출 증가로, 나아가 아이맥의 매출 증가로 이어졌다. 랙을 가장 분통 터지게 한 것은 그 모든 일을 소니 또한 할 수 있었다는 점이다. 하지만 소니는 하드웨어와 소프트웨어, 콘텐츠 부문 간의 협력을 이끌어 내지 못했고, 결국 모든 기회를 애플에게 넘기고 말았다.

2003년 4월 28일, 잡스는 샌프란시스코의 모스콘 컨벤션 센터에서 신제품 발표회를 열었다. 머리가 점점 벗겨지고 있는 잡스가 무대 위에 모습을 드러냈다. 청바지에 검은 터틀넥만큼은 변함이 없었다. 그는 무대를 천천히 거닐며 말했다.

"냅스터는 인터넷이 음악 전파에 기여할 수 있다는 사실을 보여 주었습니다. 또한 냅스터에서 파생된 카자는 사람들에게 노래를 공짜로 제공했지요. 과연 이들과 어떻게 경쟁할 수 있을까요?"

그는 무대 끝에서 천천히 돌아섰다.

"이들의 무료 서비스를 이용하는 데는 부정적 측면이 있습니다. 지원되는 파일 중 다수는 일곱 살짜리 아이들이 인코딩한 것이죠. 파일이 제대로 만들어졌을까요? 더구나 확인하기 위해 그 파일들을 미리 들어 볼 수도 없지요."

무대 중앙에 선 잡스는 청중들을 정면으로 응시하며 단호하게 말했다.

"무엇보다 큰 문제는 그러한 다운로드가 도둑질이라는 사실입니다."

잠시 후 죄수복을 입은 수감자의 모습이 담긴 슬라이드가 스크린에 비춰졌다.

"프레스플레이와 뮤직넷 같은 가입형 서비스는 사용자를 범죄자로 취급합니다."

곧이어 밥 딜런의 모습을 담은 슬라이드가 스크린에 떴다.

"사람들은 자신이 사랑하는 음악을 소유하길 원합니다. 음반사들과 협상을 벌인 결과 그들도 우리와 함께 세상을 변화시킬 의지가 있다는 것을 깨달았습니다. 아이튠즈 스토어는 20만 곡을 보유한 상태에서 서비스를 시작할 것이며 날마다 곡을 늘려 갈 것입니다. 아이튠즈 스토어 사용자는 원하는 노래를 소유하고, CD에 굽고, 믿을 수 있는 고품질 파일을 다운로드 하고, 구매하기 전에 미

리 노래를 들어 볼 수도 있습니다. 가격은? 겨우 99센트! 스타벅스
라테 가격의 3분의 1도 되지 않습니다.”

마지막으로 무대 중앙으로 천천히 걸어 나온 잡스는 이렇게 자
신의 말을 끝냈다.

“아이튠즈를 이용하면 여러분은 더 이상 도둑질을 하지 않아도
됩니다!”

아이튠즈 스토어 담당자는 6개월 뒤 100만 곡이 판매될 거라 예
상했다. 하지만 100만 곡은 단 6일 만에 판매되었다. 아이튠즈 스
토어는 음악 산업의 전환점으로 역사에 남았다. 애플이 혁신을 거
듭하는 동안 경쟁자들은 비틀거리고 음악은 애플의 더욱 중요한
부분으로 성장했다.

2007년 1월, 아이팟 매출로 발생한 수익은 애플 전체 수입의 절
반에 달했다. 그러나 그보다 더 큰 성공작은 아이튠즈 스토어였
다. 등장한 첫해인 2003년 아이튠즈 스토어는 7000만 곡을 판매했
다. 3년도 채 지나지 않은 2006년 2월, 10억 번째 곡이 판매되었고,
2010년 2월에는 100억 번째 곡이 판매되었다.

디즈니의 최대 주주가 되다

잡스에게 픽사는 애플의 긴장에서 벗어나게 해 주는 천국이었다. 애플의 iCEO로 일하는 동안에도 잡스는 영화제작을 놀이처럼 즐겼다. 그는 컴퓨터 그래픽이 만들어 낸, 풀잎이 바람에 흔들리는 장면 같은 것을 보면 어린아이처럼 즐거워했다.

1999년 11월에 나온 〈토이 스토리 2〉가 크게 성공하자 잡스는 픽사의 세를 과시하기 위해 건물을 짓기로 했다. 잡스는 그답게 건물의 전체 개념에서부터 자재에 이르기까지 집착적으로 매달렸다. 그는 잘 지어진 건물은 문화에 기여할 수 있다고 믿었다. 잡스에게 픽사의 건물은 자신만의 영화와도 같았다.

픽사 직원들은 각 프로젝트별로 건물이 따로 있는 할리우드식 스튜디오를 원했다. 그러나 잡스는 정반대로 중앙에 안뜰을 만들고 거대한 건물이 이를 둘러싸게 해서 사람들이 서로 우연히 부딪치도록 설계해야 한다고 주장했다. 창의성이란 우연한 만남이나 무작위적인 토론에서 탄생한다고 믿었기 때문이다. 잡스의 이론은 첫날부터 효과를 드러냈다. 몇 달 동안 보지 못했던 사람들이 새 건물에서 끊임없이 마주쳤다. 한마디로 잡스는 창의성과 협력을 독려하는, 유례없는 건물을 지은 것이다.

2002년, 픽사는 디즈니와 네 번째 애니메이션 〈몬스터 주식회사〉를 제작했다. 이제 계약을 갱신해야 할 시점이었다. 당시 디즈니의 CEO인 마이클 아이스너는 픽사의 저력을 믿지 않았다. 그는 〈니모를 찾아서〉가 망할 것이고, 그러면 협상에서 유리한 고지를 점할 수 있을 것이라고 믿었다. 그러나 〈니모를 찾아서〉는 픽사뿐 아니라 디즈니를 통틀어 역사상 가장 성공한 애니메이션이 되었다. 세계적으로 벌어들인 돈은 8억 6800만 달러에 달했다.

〈니모를 찾아서〉가 끝나자 잡스는 아이스너에게 거절당할 게 분명한 제안을 했다. 기존 계약대로 수익을 50대 50으로 나누는 대신 픽사가 제작한 영화와 캐릭터에 대한 판권 전부를 픽사가 소유하며, 디즈니에게는 영화 배급 수수료로 75퍼센트만 지불한다는 조건이었다. 아이스너는 거절했고, 잡스는 협상을 중단하겠다고 밝혔다. 결국 디즈니의 COO 밥 아이거가 개입해서 상황을 수습했다. 협상 중단 소식을 듣자마자 아이거는 잡스와 존 래시터에게 전화를 했다.

"나는 픽사의 무한한 가능성을 믿는 사람입니다. 계속해서 거래를 하고 싶어요."

얼마 후 아이거는 홍콩 디즈니랜드 개장식에 참석했다. 개장 축하 의식에는 디즈니의 단골 레퍼토리인 메인 스트리트 퍼레이드가 포함되어 있었다. 그 퍼레이드를 보는 순간 아이거의 머리에 반짝 불이 켜졌다. 원래 디즈니 퍼레이드에는 성공한 디즈니 애니메이션의 캐릭터가 포함된다. 그러나 홍콩의 퍼레이드에는 최근의 캐릭터가 하나도 포함되어 있지 않았다. 그것은 포함시킬 만큼 성공적인 디즈니 애니메이션이 없다는 뜻이었다.

디즈니에게 애니메이션은 단순한 애니메이션이 아니었다. 애니메이션은 일종의 파도였다. 애니메이션 한 편이 히트하면 그에 따른 물결이 퍼레이드 캐릭터로, 음악과 테마파크, 비디오게임, 텔레비전, 인터넷, 소비재로 흘러가는 구조인 것이다. 첫 물결을 일으키는 애니메이션 없이 디즈니는 생존할 수 없었다. 마침내 아이거는 픽사를 인수해야 한다는 결론을 내렸다.

아이거는 잡스를 만나러 갔다.

"지난 번 홍콩 디즈니 퍼레이드에서 깨달은 게 있어요. 디즈니는 사업의 출발이라고 할 수 있는 애니메이션에서 계속해서 실패하고 있어요. 지금 디즈니에 절실하게 필요한 게 바로 픽사입니다."

아이거의 솔직한 말에 잡스는 깜짝 놀랐다. 아이거는 지금 자신의 패를 쫙 펼쳐 놓고 "우리는 망했습니다"라고 고백한 것이다. 그 순간 잡스는 아이거를 좋아하게 되었다. 자신과 일하는 방식이 똑같았기 때문이다. 그러나 인수 문제는 잡스 마음대로 처리할 수 없었다. 픽사의 애니메이션을 탄생시킨 존 래시터와 애드 캣멀의 동의가 필요했다. 처음에 두 사람은 잡스의 제안에 충격을 받았다. 하지만 잡스는 계속 그들을 설득했다.

"두 사람이 원치 않는다면 하지 않아도 괜찮아요. 하지만 아이거를 만나 본 다음에 결정을 내렸으면 좋겠네요. 나도 두 사람과 같은 생각이었는데 지금은 그 사람이 정말 좋아졌거든요. 아이스너가 지휘하던 디즈니와는 전혀 달라요. 아이거는 솔직한 사람입니다."

잡스는 래시터와 캣멀, 그리고 아이거가 함께하는 자리를 만들었다. 래시터와 캣멀을 만난 아이거는 픽사를 인수해야 한다는 생각이 더욱 강해졌다. 아이거는 두 사람을 만나고 돌아와서 이렇게 말했다.

"세상에! 그들은 엄청난 것을 갖고 있어. 이 거래는 반드시 성사시켜야 해. 그들이 디즈니의 미래야. 디즈니에서 만드는 애니메이션을 솔직히 나는 믿을 수가 없어. 어떻게든 그들을 붙잡아야 해."

2007년 2월 24일, 디즈니는 74억 달러에 픽사를 인수했다. 잡스는 이로 인해 디즈니의 주식을 대략 7퍼센트 정도 보유하게 되었다. 창업자의 손자인 로이 디즈니가 소유한 1퍼센트와 비교하면 엄청난 지분이었다. 잡스는 디즈니의 최대 주주가 된 것이다.

본사의 안뜰에서 잡스는 픽사의 디즈니 인수 소식을 알렸다.

"디즈니가 픽사를 인수하기로 했습니다."

애니메이션의 역사를 새로 써 왔던 픽사의 직원들 몇은 눈물을 흘렸다. 그러나 잡스가 거래 조건을 설명하자 직원들은 이것이 사실상 역인수라는 것을 깨달았다.

"애드 캣멀이 디즈니 애니메이션의 책임자로 일할 것입니다. 또한 존 래시터는 최고 크리에이티브 책임자(CCO)가 될 것입니다."

잡스의 말에 직원들은 환호성을 질렀다. 지금 이대로, 그들은 하던 일을 계속하면 되는 것이었다.

훗날 잡스는 디즈니 인수에 대해 이렇게 말했다.

"나의 목표에는 언제나 위대한 제품을 만드는 것뿐 아니라 위대한 회사를 세우는 것까지 포함되어 있었습니다. 월트 디즈니는 그것을 해냈지요. 그리고 우리는 합병에 응함으로써 픽사를 위대한 회사로 유지하는 동시에 디즈니 역시 위대한 회사로 남을 수 있도록 도왔습니다."

이것이 미래다

어느 날 잡스는 빌 게이츠 부부가 참석한 한 엔지니어의 생일 파티에 참석했다. 마이크로소프트에서 태블릿 PC를 개발하던 그 엔지니어는 식사하는 내내 자신이 개발 중인 태블릿 PC에 대한 정보를 누설했다.

"마이크로소프트가 이 태블릿 PC 소프트웨어로 세상을 완전히 바꿔 놓을 거예요. 그러면 노트북들이 다 사라질 겁니다. 그러니 애플도 내가 개발한 마이크로소프트 소프트웨어에 대한 라이센스를 얻어야 할걸요."

빌 게이츠는 경쟁 회사의 책임자 앞에서 기밀을 누출하는 직원 때문에 화가 났고, 잡스 또한 열 번 이상 반복된 잘난 척에 기분이

상했다. 집에 돌아온 그는 옷을 벗어던지며 이렇게 말했다.

"웃기고 있네. 좋아. 진짜 태블릿이 어떤 건지 보여 주지."

다음 날 잡스는 회사에 출근하자마자 자신의 팀을 불러 모았다.

"태블릿 컴퓨터를 만듭시다. 단, 키보드나 스타일러스가 딸려 있어서는 안 됩니다."

전날 마이크로소프트의 엔지니어가 자랑한 태블릿에는 스타일러스가 딸려 있었다.

"한꺼번에 여러 가지 입력을 처리할 수 있는 멀티터치 기능을 갖춰야 해요. 멀티터치, 터치 감지 디스플레이를 만들 수 있겠지요?"

6개월 뒤 잡스의 팀은 조악하긴 하지만 작동은 되는 원형을 고안했다. 잡스는 그것을 애플의 또 다른 사용자 인터페이스 디자이너에게 건넸다. 한 달 후 디자이너가 물건을 갖고 왔다. 디자이너의 손가락이 스크린을 가로지르자 이미지가 마치 물리적인 사물처럼 움직였다. 잡스는 거기에 완전히 빠졌다. 그는 신이 나서 소리쳤다.

"이거야! 이게 바로 미래야!"

잡스는 순간 놀라운 아이디어를 떠올렸다. 이것을 휴대 전화에 적용할 수 있을 것 같았다. 그 무렵 잡스의 고민은 휴대 전화였다. 2005년 아이팟의 매출은 2000만 대에 달했지만 잡스는 휴대 전화가 곧 아이팟을 대체할 거라는 것을 직감했다. 그는 만나는 이사마다 붙잡고 말했다.

“우리의 밥그릇을 빼앗을 수 있는 기기는 바로 휴대 전화예요. 휴대 전화는 누구나 갖고 다니는 거니까 아이팟이 쓸모없는 기기가 되어 버릴 수도 있다고요.”

잡스는 시판되는 휴대 전화에서 이상한 점을 하나 발견했다. 모든 휴대용 뮤직 플레이어들이 형편없다는 것이었다. 전화번호부를 포함해서 다른 기능을 파악하기도 힘들었다. 잡스와 그의 팀은 시판되는 모든 휴대 전화를 사다 놓고 작동해 보면서 문제점들을 찾아 나갔다. 그들은 차츰 자신들이 쓰고 싶은 휴대 전화를 만들고 싶다는 생각을 갖기 시작했다. 자신이 쓰고 싶은 물건을 만든다는 것, 이것은 잡스가 생각하는 최고의 동기 부여였다.

잡스는 멀티터치를 휴대 전화에 사용할 수 있다는 생각을 떠올린 즉시 태블릿 PC 개발을 중단했다. 중요한 것은 멀티터치 인터페이스를 휴대 전화 스크린 크기에 맞게 조정하는 것이었다.

잡스는 디자인 스튜디오 컨퍼런스 룸에서 비밀회의를 열고 그 자리에 파델과 루빈스타인, 실러를 불렀다. 아이브가 멀티터치를 시연하자,

“와우!”

하고 파델이 소리쳤다. 정말 멋진 기술이었다. 그러나 이 기술이 휴대 전화에 구현될 수 있을지는 아무도 장담할 수 없었다.

그 무렵, 펑거웍스라는 델라웨어의 작은 회사가 이미 멀티터치

트랙패드를 만들고 있었다. 그 회사는 꼬집기나 밀기 등 다양한 손가락 제스처를 유용한 기능으로 전환하는 방법에 대해 이미 특허를 취득한 상태였다. 2005년 초, 애플은 발 빠르게 이들이 소유한 모든 특허는 물론 두 창업자까지 비밀리에 인수했다.

6개월 뒤 트랙휠 방식과 멀티터치 방식 중 결정을 내리기 위해 팀원들이 모두 회의실로 모였다. 트랙휠 방식의 진행을 맡은 파델은 번호를 쉽게 입력해 전화를 거는 방식을 찾아내지 못했다. 멀티터치 방식도 큰 성과는 없었다. 잠시 고민하던 잡스가 터치스크린을 가리키며 말했다.

"우리는 이게 우리가 원하던 거라는 사실을 이미 알고 있어요. 그러니 이걸로 갑시다."

어떤 결과가 나올지 아무도 장담할 수 없었다. 성공하면 보상도 크겠지만 실패할 때의 타격도 클 터였다. 애플의 사운을 거는 순간이었다.

참석자 중 두 명은 키보드를 장착해야 한다고 주장했다. 그때까지 키보드가 딸린 휴대 전화가 대세였다. 그러나 잡스는 단호하게 고개를 저었다.

"하드웨어 키보드가 쉬운 해결책처럼 보이지요. 하지만 그러면 제약이 많아져요. 키보드를 소프트웨어로 스크린에 넣으면 어떤 변화가 생길지 고민해 보세요. 거기에 승부를 걸어 봅시다."

그런 도전 끝에 전화번호를 입력하고 싶으면 숫자판이 뜨고, 글을 입력하고 싶으면 글자판이 뜨는 기기가 탄생했다. 하드웨어를 소프트웨어로 대체함으로써 더 다양하고 훌륭한 인터페이스가 가능해진 것이다.

잡스는 휴대 전화에서 전원 버튼도 없앴다. 그는 선천적으로 전원 버튼을 싫어했다. 세련되지 않다는 이유였다. 전원 버튼을 없애라는 잡스의 말에 엔지니어들은 어안이 벙벙했다. 전원 버튼이 없는 전자기기라는 것을 상상해 본 적이 없었기 때문이다. 그러나 잡스는 밀어붙였고, 마침내 '밀어서 잠금 해제'가 탄생했다.

팀원들은 잡스와 함께 회의를 거듭하며 단순화시키는 방법을 하나씩 찾아 나갔다. 그렇게 해서 전화를 대기시키거나 다자간 통화를 돕는 바가 탄생했고, 이메일을 쉽게 검색할 수 있게 되었으며, 수평으로 화면을 넘겨 여러 가지 앱을 이용할 수 있게 되었다.

남은 것은 기기의 디자인이었다. 잡스는 아이폰에 유리를 쓰고 싶어 했다. 가장 먼저 연락을 취한 곳은 애플 스토어의 유리가 제작되는 아시아 지역이었다. 그러나 코닝 글라스 사의 이사로 있는 친구가 잡스에게 자기 회사의 젊은 CEO 웬들 윅스를 소개시켜 주었다. 잡스가 어떤 유리를 쓰고 싶은지 설명하자 윅스가 이렇게 말했다.

"코닝이 1960년대에 믿기 힘들 정도로 강력한 '고릴라 유리'를 만든 적이 있어요. 하지만 시장을 찾지 못해 더는 제조하지 않습니다."

"6개월 내에 최대한 많은 고릴라 유리를 만들어 주었으면 좋겠어요."

"생산 능력이 안 됩니다. 말씀드렸잖아요? 고릴라 유리를 더는 만들지 않는다니까요."

잡스는 눈을 깜박이지 않고 윅스를 똑바로 바라보며 이렇게 말했다.

"아니요. 당신은 할 수 있어요. 명심해요. 당신은 할 수 있어요."

실제로 코닝은 6개월도 되지 않아 그 일을 해냈다. 윅스의 사무실에는 단 하나의 기념품이 진열되어 있다. 아이폰이 출시되던 날 잡스는 코닝에게 이런 감사의 메시지를 보냈다.

'당신이 없었더라면 우리는 해낼 수 없었을 겁니다.'

고릴라 유리가 확보되자 디자인 팀은 밤낮없이 디자인에 몰두했다. 마침내 탄생한 디자인은 고릴라 유리 디스플레이를 가장자리까지 꽉 채우고, 얇은 스테인리스강 베젤(유리를 고정하는 테두리)을 두른 것이었다. 마치 기기의 모든 부분이 스크린에 종속되는 듯했다. 잡스는 이 아름다운 기기를 완전히 봉해 버렸다. 배터리를 바꿔 끼우기 위해 여는 것조차 불가능했다. 배터리를 교체하지 않음으로써 휴대 전화는 훨씬 얇아질 수 있었다. 얇은 것이 아름답다는 것은 잡스에게 일종의 철학이었다.

2007년 1월, 샌프란시스코 맥월드 행사에서 잡스는 아이폰 프레젠테이션을 진행했다. 잡스의 프레젠테이션 중에서도 가장 아름답고 감동적인 프레젠테이션이었다.

"가끔씩 모든 것을 바꿔 놓는 혁신적인 제품이 나옵니다."

검은 터틀넥을 입고 무대로 걸어 나오며 그는 이렇게 말을 시작했다. 컴퓨터 산업 전체를 바꾼 원조 매킨토시와 음악 산업 전체를 바꾼 아이팟을 일컫는 말이었다.

"오늘, 우리는 이런 혁신적인 제품 세 가지를 소개하려 합니다. 첫 번째는 터치로 조작하는 와이드스크린 아이팟입니다. 두 번째는 혁신적인 휴대 전화지요. 그리고 세 번째는 완전히 새로운 인터넷 통신 기기입니다."

그는 무대 중앙에 우뚝 서서 연속적으로 터지는 플래시에도 눈 하나 깜박하지 않고 청중을 응시하며 물었다.

"뭔지 아시겠습니까?"

청중은 조용했다. 그들은 숨 죽여 잡스의 다음 말을 기다렸다.

"세 개의 기기를 말하는 게 아닙니다. 이 모든 것을 구현한 하나의 기기를 말하는 겁니다. 우리는 그것을 아이폰이라 부릅니다."

2010년 말까지 아이폰은 전 세계에서 9000만 대 이상 팔렸다. 애플은 전 세계 휴대 전화 시장에서 발생한 전체 수익의 절반 이상을 거둬들인 것이다.

세계는 혁명을 원한다

2010년 1월 27일 샌프란시스코에서 열리는 프레젠테이션을 앞두고 잡스는 잔뜩 흥분한 상태였다. 『이코노미스트』는 이른바 '예수 태블릿'을 들고 있는 잡스의 사진에 성직자 복장을 하고 후광을 씌워 표지에 실었다. 『월 스트리트 저널』은 이런 기사를 발표했다.

"역사상 이렇게 대단한 흥분과 환호를 일으킨 태블릿은 두 개인데, 하나는 그 옛날 모세가 들고 나온 십계명이 적힌 석판이고, 다른 하나는 잡스가 들고 나온 아이패드다."

사실 잡스가 만들려고 했던 것은 태블릿 PC였다. 그는 스타일러스를 사용하지 않는 태블릿 PC의 교본을 세상에 보여 주고 싶었다. 하지만 멀티터치 기술로 먼저 아이폰을 만들었다. 그 사이 매킨토시 하드웨어 그룹에서는 태블릿 PC 아이디어가 샘솟고 있었다.

2007년 어느 월요일, 경영진 브레인스토밍 회의였다. 아이브가 말했다.

"왜 꼭 키보드를 스크린에 경첩으로 연결해야 하죠? 비용도 많이 들고 둔해 보이잖아요. 멀티터치 인터페이스를 사용해 키보드를 스크린에 넣으면 안 될까요?"

단순한 걸 선호하는 잡스는 대찬성이었다.

그로부터 3년 후, 그 사이 췌장암이 재발해서 수술을 받고 간까지 이식받은 잡스가 프레젠테이션 무대에 올랐다. 예전보다 훨씬 마르고 수척해진 모습이었다.

잡스는 가죽 안락의자와 사이드 테이블이 놓인 곳으로 걸어갔다. 아이패드의 편안한 특성을 강조하기 위한 세트였다.

"이것은 노트북보다 훨씬 더 친밀합니다. 우리는 이것을 아이패드라고 부릅니다."

잡스는 아이패드로 『뉴욕 타임즈』 웹 사이트에 들어가고 친구들에게 이메일을 보냈다. 그 내용을 청중들 모두 대형 스크린으로 지켜보았다. 그는 아이패드로 사진 앨범을 보고 일정표 기능을 사용하고 구글 맵에서 에펠탑을 확대했으며, 음악을 재생했다. 밥 딜런의 〈라이크 어 롤링 스톤(Like a Rolling Stone)〉이 흘러나왔다. 잡스는 안락의자에 깊숙이 앉으며 말했다.

“이거 정말 끝내주지 않아요?”

마지막 슬라이드에서 잡스는 아이패드가 구현하는 그의 가치관 하나를 보여 주었다. ‘과학 기술’ 거리와 ‘인문학’ 거리의 교차점을 알리는 표지판이었다.

“애플이 아이패드 같은 제품을 만들 수 있는 것은 우리가 늘 과학 기술과 인문학의 교차점에 서려고 노력했기 때문입니다.”

과학 기술과 인문학을 만나게 하는 것, 이것은 애플을 창업한 이래 단 한 번도 포기한 적이 없는 잡스의 꿈이기도 했다.

아이패드는 아이팟이나 아이폰과 같은 열광적인 반응을 끌어내지 못했다. 시연회를 본 사람들 대부분은 아이패드가 대체 뭔지 정확히 이해하지 못했다. 어떤 사람은 아이패드를 아이폰의 거대 버전이라고 부르기도 했다. 마이크로소프트의 빌 게이츠 역시 비슷한 반응을 보였다. 그는 스타일러스를 사용하는 태블릿이 보편화될 거라고 확신했다.

프레젠테이션을 끝낸 후 잡스는 한동안 의기소침해 있었다. 광고도 아이팟이나 아이폰 같은 반응을 불러오지 못했다. 사실 광고 대행사 또한 아이패드의 진짜 속성을 정확히 파악하지 못하고 있었다. 그것은 잡스도 마찬가지였다. 아이팟처럼 ‘1000곡의 노래를 주머니 속에’라고 쉽게 설명할 수 있는 무엇인가가 떠오르지 않았던 것이다. 몇 달에 걸쳐 광고 시안을 짜는 동안 잡스는 자신이 무엇을 원하는지 깨달았다. 그는 광고대행사의 제임스 빈센트에게 이렇게 말했다.

"성명을 만들어야 합니다. 아이패드는 모종의 선언이 되어야 해요. 이건 대단한 거니까요."

잡스는 아이패드가 세상을 바꿀 것이라고 확신했다.

"1년 후면 다른 회사들이 비슷한 것을 내놓을 게 분명해요. 그러니까 아이패드가 원조라는 것을 사람들에게 각인시켜야 한다고요. 우리가 이룩한 것을 부각하는 광고, 그것을 선언하는 광고를 만들어야 해요."

그렇게 해서 빈센트는 카피라이터 에릭 그룬바움과 함께 잡스가 원하는 '성명'을 만들었다.

아이패드는 얇다. 아이패드는 아름답다. 매우 강력하다. 그것은 마법이다. 비디오다. 사진이다. 평생 읽을 수도 없을 만큼 많은 책이다. 그것은 혁명이다. 그리고 혁명은 이제 시작되었다.

프레젠테이션 석 달 후, 마침내 아이패드가 출시되었다. 잡스의 예상은 정확했다. 아이패드가 순식간에 태블릿 PC를 몰아내기 시작한 것이다. 『뉴스위크』의 표지 기사는 이러했다.

'아이패드의 위대한 점을 꼽으라면? 모든 것!'

아이패드 발표 당시 혹평을 했던 대니얼 라이언스는 이렇게 말했다.

"잡스의 시연을 보면서 가장 먼저 든 생각은 '별것 아니네!'였다. 그냥 아이팟 터치의 거대한 버전이라고 생각했다. 그러다 우연히 아이패드를 사용해 보고 감동을 받았다. 필요성조차 못 느끼다가 어느 순간 그것 없이는 살 수 없게 되는 기기들이 있다. 잡스는 이런 기기들을 요리해 내는 무시무시한 능력을 갖고 있다."

잡스는 애플을 창시한 이래 평생 하드웨어와 소프트웨어가 결합되면서도 직관적으로 쓸 수 있는, 미적으로 아름다운 제품을 만들려 했다. 아이패드는 그 완성판이었다. 마이클 노어라는 기자가 〈포브스닷컴〉에 올린 일화는 잡스가 마침내 꿈을 이뤘음을 여실히 증명하고 있다.

노어는 콜롬비아의 보고타 북부 시골 지역에 있는 낙농장을 찾았다. 그가 아이패드로 공상과학소설을 읽고 있는데 마구간을 청소하는 여섯 살짜리 소년이 다가왔다. 호기심이 생긴 노어는 소년에게 아이패드를 건네주었다. 컴퓨터도 본 적 없는 소년이었다. 그러나 잠시 후 소년은 화면을 밀고 앱들을 작동해 보더니 핀볼 게임을 하기 시작했다. 노어의 글은 이렇게 마무리되었다.

"스티브 잡스는 여섯 살짜리 문맹 소년도 아무런 설명 없이 사용할 수 있는 강력한 컴퓨터를 설계했다. 그것이 마법이 아니라면 무엇이겠는가."

　아이패드의 반응은 서서히, 그러나 폭발적으로 나타났다. 한 달 만에 애플은 아이패드를 100만 대 판매했다. 아이폰의 두 배 속도였다. 11개월 후인 2011년 3월까지 아이패드는 총 1500만 대 팔렸다. 중요한 것은 아이패드를 통해 스타일러스 없는 태블릿이 미래의 지표가 되었다는 점이고, 더 중요한 것은 잡스가 아이패드를 통해 자신의 꿈을 완결했다는 사실이었다.

딸깍, 스위치가 꺼지다

2011년 잡스의 병가 소식이 전해진 후 수많은 사람이 그의 집을 찾았다. 빌 클린턴 전 대통령도 잡스의 집을 찾았다. 그러나 가장 반가운 손님은 빌 게이츠였다. 그들은 세 시간이 넘도록 지난날들을 회상했다. 그들의 지난날은 실리콘밸리의 지난날이자 컴퓨터, 아이팟, 휴대 전화, 태블릿 PC의 역사였다. 한때 경쟁자였던 두 사람은 시간 가는 줄 모르고 옛이야기에 빠져들었다.

"좋은 여자와 결혼해서 착한 아이들을 두었으니 우리는 행운아겠죠."

이야기 끝에 잡스가 그렇게 말하자 게이츠가 고개를 끄덕이며 말했다.

"당신이 로렌을 만나고 로렌이 당신을 반쯤 미친 상태로 놔두었다는 것, 내가 멜린다를 만나고 멜린다가 나를 반쯤 미친 상태로 놔두었다는 것, 이게 얼마나 다행이에요."

잡스가 희미한 미소를 지으며 고개를 끄덕였다.

"맞아요. 우리 같은 사람의 아내나 자식으로 사는 건 쉽지 않았을 거야."

대화가 끝나갈 무렵, 불현듯 게이츠가 말했다.

"나는 개방적이고 수평적인 모델이 이길 거라고 믿었어요. 그런데 당신이 통합적이고 수직적인 모델 역시 훌륭할 수 있다는 것을 증명했어요."

하드웨어와 소프트웨어가 단단히 통합되어야 하는가, 아니면 좀 더 개방적이어야 하는가, 잡스와 게이츠는 이에 대해 평생 상반되는 태도를 취했다. 바로 그 점이 마이크로소프트와 애플의 차이기도 했다.

게이츠의 솔직한 발언에 잡스가 한마디 했다.

"당신 모델도 훌륭했어요."

20세기 최첨단 사업을 이끌어 온 세계적인 두 거장의 솔직한 고백이었다.

2011년 7월, 암이 뼈와 다른 부분까지 전이되었다. 이제 그것을 정복할 어떤 약물도 찾을 수 없었다. 여름 내내 건강이 악화되자 잡스는 현실을 냉정하게 인식하기 시작했다. 이제 다시는 CEO로 애플에 돌아갈 수 없을 터였다.

8월 24일 애플의 정기 이사회가 열렸다. 그는 권력을 이양하는 자리에 직접 나가기 위해 열심히 먹고 기력을 회복하려 애썼다. 하지만 휠체어의 도움 없이는 움직일 수조차 없었다. 오전 11시, 잡스가 이사회에 도착했다. 그는 몇 주에 걸쳐 받아쓰게 하고 여러 번 수정한 편지를 읽기 시작했다.

"저는 오래전부터 제가 더는 애플의 CEO로서 의무와 기대치를 충족하지 못하는 날이 오면 여러분에게 먼저 알려 드리겠다고 말했습니다. 안타깝게도 그날이 왔습니다. 저는 여러 이사들과 상의한 결과 팀 쿡에게 제 자리를 물려주려 합니다. 애플의 앞에는 밝고 혁신적인 나날이 펼쳐져 있다고 저는 믿습니다. 새로운 자리에서 애플의 성공을 지켜보고 거기에 기여하기를 고대합니다."

아무도 입을 떼지 않았다. CEO직을 넘기는 공식 결의가 통과되자 이사들의 눈에 눈물이 맺혔다.

이윽고 점심시간이 되었다. 필 실러가 들어와 애플이 진행 중인 몇 가지 제품의 모형을 보여 주었다. 잡스는 4세대 셀 방식 네트워크가 어떤 능력을 지닐 것인지, 그리고 미래의 휴대 전화는 어떤 기능을 갖춰야 하는지, 끝도 없이 질문을 해댔다. 그러다 누군가 새로운 음성인식 앱을 보여 주었다. 잡스는 불쑥 전화기를 붙잡고 물었다.

"팰러앨토의 날씨는 어떤가?"

그러자 앱이 날씨를 알려 주었다. 두어 가지를 더 물은 뒤 잡스가 짓궂은 질문을 했다.

"너는 남자인가 여자인가?"

앱은 로봇 목소리로 이렇게 대꾸했다.

"나는 성별을 부여받지 않았습니다."

잡스가 웃음을 터뜨렸다. CEO로서 애플에서의 마지막 날이었다.

어느 화창한 오후, 잡스는 뒤뜰에 앉아 따스한 햇볕을 쪼이고 있었다. 그는 자신의 전기를 쓰기로 되어 있는 월터 아이작슨과 영적 초월에 관한 이야기를 나누었다.

"신의 존재를 믿느냐 하는 문제는, 글쎄요, 50 대 50입니다. 어쨌든 나는 내 인생 대부분에 걸쳐 눈에 보이는 것 이상의 무언가가 우리 존재에 영향을 미친다고 생각해 왔습니다."

아이작슨이 물었다.

"죽음에 직면하니까 두려움 때문에 내세를 믿고 싶어서 그 가능성을 확대하는 것 아닐까요?"

잡스는 천천히 고개를 끄덕였다.

"그럴 수도 있겠지요. 하지만 죽은 후에도 나의 무언가는 살아남는다고 생각하고 싶네요. 그렇게 많은 경험을 쌓았는데, 어쩌면 약간의 지혜도 생겼을지 모르는데 모든 게 그냥 없어진다고 하면 쓸쓸하잖아요? 그래서 뭔가는 살아남는다고, 어쩌면 나의 의식은 영원히 존재할 거라고 믿고 싶은 건지도 모르죠.”

잡스는 오랫동안 침묵했다가 한참 후에야 입을 열었다.

“하지만 생명이란 건 전원 스위치 같은 건지도 모르죠. ‘딸깍’ 하고 누르면 그냥 꺼져 버리는 거지요.”

그는 다시 한 번 말을 끊었다. 그의 입가에 희미한 미소가 떠올랐다.

“그래서 내가 애플 기기에 스위치를 넣는 걸 그렇게 싫어했나 봅니다.”

2011년 10월 5일, 잡스의 전원 스위치가 ‘딸깍’ 꺼졌다. 56세의 나이였다. 애플은 이날 스티브 잡스 사망 사실을 발표하면서 “그의 총명함과 열정, 힘은 우리 모두의 삶을 풍부하게 하고 발전시키는 끊임없는 혁신의 원천이었다”라고 밝혔다. 스티브 잡스와 경쟁하면서 IT 세계의 변화를 주도했던 빌 게이츠도 언론과의 인터뷰에서 “스티브와 함께 일할 기회를 가졌다는 것은 엄청난 영광이자 행운이었다”라고 말했다.

월터 아이작슨이 집필한 『스티브 잡스』는 아마존 베스트셀러 1위에 올랐고, 국내 번역서 역시 교보문고가 선정한 ‘2011년 올해의 책'으로 뽑혔다. 미국 음반 아카데미는 2012년에 개최되는 56회 그래미상 시상식 때 잡스에게 특별상을 주겠다고 선언했다. 최고의 권위를 자랑하는 그래미상이 세상을 떠난 스티브 잡스에게 마지막 존경의 표시를 보낸 것이다.

잡스의 사망 소식이 알려지자 전 세계의 시민들 또한 갑자기 바빠졌다. 트위터나 페이스북에 뭔가를 쓰고 읽느라 분주했던 것이다. 버락 오바마 미국 대통령은 이러한 내용의 애도 성명을 발표했다.

"세상의 많은 사람들이 잡스가 발명한 아이폰, 아이패드 등을 통해 사망 소식을 알게 됐다는 사실보다 잡스에 대한 더욱 큰 헌사는 없을 것이다."

잡스를 추모하는 조각상이 헝가리 수도 부다페스트에 세워질 예정이고, 잡스의 일대기를 다룬 영화도 곧 제작된다. 캘리포니아 주는 10월 16일을 '스티브 잡스 데이'로 선포했다.

잡스가 평생 믿었던 것처럼 영적인 것이 존재하는지 우리는 아무도 알지 못한다. 그러나 잡스가 평생 시도했던 과학 기술과 인문학의 만남, 하드웨어와 소프트웨어의 단단한 결속, 단순하고 아름다운 디자인은 그가 떠난 지금도 우리와 함께하고 있다. 그가 꿈꾸었던 대로 그는, 아니 그의 정신은 세계 속에 영속하는 것이다.

2011년 10월 5일, 스티브 잡스가 세상을 떠났을 때 전 세계가 애도의 물결에 휩싸였다. 20세기 이후 사업가의 사망에 그토록 많은 사람이 애도의 뜻을 표한 것은 아마 최초였을 것이다. 스티브 잡스는 단순한 사업가가 아니었다. 그는 한 시대의 이단아였고, 첨단 과학을 인문학과 연결시킨 창조의 아이콘이었다.

스티브 잡스에 대한 평가는 개인적으로 그를 좋아하는가 아닌가와는 별개의 문제다. 스티브 잡스는 아이폰을 쓰는 자와 그렇지 않은 자로 세상을 나누었다. 아이폰을 쓰는 자들은 스티브 잡스를 열렬히 추앙하고 아이폰을 쓰지 않는 자들은 스티브 잡스를 경멸한다. 과학 기술을 함께 공유하기보다 배타적으로 독점하려 했다는 점, 빌 게이츠 등과 달리 부의 사회적 나눔에 대해 무관심했다는 점, 경영 방식이 독단적이라는 점이 스티브 잡스를 싫어하는 사람들이 주로 드는 논거다.

나는 스티브 잡스를 존경하지 않는다. 그를 존경하지 않는 이유는 앞서 말한 바와 같이 그가 나누기보다는 배타적으로 독점하려한 사업가이기 때문이다. 나는 아이팟을 쓰지 않았고 아이폰이나 아이패드도 쓰지 않는다. 그것들의 심플하고 완전한 듯한 디자인이 때로 시선을 사로잡을 때도 있다. 그러나 고집스럽게 사지 않는다. 아이폰 사용자들의 기이한 유대감에 동참하고 싶지 않기 때문이다. 자신들끼리의 기이한 유대감은 스티브 잡스로부터 기인한 것이기도 하다.

그럼에도 불구하고 나는 스티브 잡스를 존경한다. 그를 존경하는 이유는 그가 사업가라기보다 예술가에 가깝기 때문이다. 예술가에게 자기 작품은 자신의 분신이다. 그렇기 때문에 혼신의 힘을 다하는 것이며, 최선을 다하는 만큼 까다롭고 배타적이기 쉽다. 가장 완전한 것을 만들고 싶다는 스티브 잡스의 창조적 열망이 그를 독선적으로 보이게 했을 것이다. 스티브 잡스가 만든 아이폰과 아이패드가 과연 제품을 뛰어넘은 예술품인가에 대해 나는 판가름할 능력이 없다. 다만 무엇이든 완전하지 않으면 견딜 수 없었던 그의 예술적 강박증을 뼛속 깊이 이해하고 공감할 따름이다. 사업가인 스티브 잡스는 예술이라고 감히 언급하는 사람들이 적지 않을 만큼의 작품을 만들어 냈다. 그것이 그의 꿈이었다. 아이폰을 쓰는 사람들에게 아이폰은 단순한 휴대 전화가 아니다. 시대를 앞서 나가는 감각, 미래를 전유하고 있다는 자신감. 스티브 잡스는 자신의 제품을 쓰는 사람들이 그렇게 생각하기를 원했다. 스티브 잡스는 사업가이지만 항상 제품 이상의 것을 만들어 냈다. 그는 위대한 사업가이며 예술가였다.

나이 들면서 느끼는 것이지만 세상에 완전한 사람은 없다. 슈바이처도 마더 테레사도 알고 보면 고뇌하는 인간이었을 것이다. 우리가 완전한 사람에게서만 무언가를 배우는 것도 아니다. 오히려 부족한 인간이었기에 그것을 극복하고 성취해 낸 무언가가 우리를 감동시킨다. 스티브 잡스가 어떤 사람이었든 간에 그는 컴퓨터 산업의 미래를 스스로 창조해 낸 사업의 창조자이며, 최고의 제품을 만들기 위해 어떠한 시련도 극복해 낸 장인이다. 그는 부모로부터 버림받았고 그 상처를 잊지 못해 자기 자식을 부정한 적도 있는, 자기 본연의 모습을 찾기 위해 마약에 탐닉한 적도 있는, 우리와 다를 바 없이 문제 많은 인간이었다. 그러나 그는 언제나 남과 다르게 생각하는 자신을 믿고 무한한 공간 저 너머까지 가기 위해 도전을 거듭했다. 그를 오늘날 세계적인 사업가로 만든 것은 그의 비범한 능력이 아니라 완전을 향한 열정과 포기하지 않는 도전이었다. 우리가 보고 배워야 할 것은 어마어마한 돈이 아니라 바로 그 열정과 도전이다.

남과 다르게 생각하라.

무한한 공간 저 너머로 도약하라.

그럴 수 있는 용기는 자신에 대한 탐구와 도전으로부터 기인한다는 것을, 스티브 잡스의 삶이 우리에게 말해 줄 것이다.

스티브 잡스 연보

1955년 2월 24일   캘리포니아 주 샌프란시스코에서 출생.

폴 잡스 부부에게 입양됨.

1968년   전자공학도인 스티브 워즈니악을 만나 친구가 됨.

1973년   리드 대학교에 진학했으나 자퇴.

1976년   부모님 창고에서 스티브 워즈니악과 함께 애플 창업.

애플 I 출시.

1977년   애플 컴퓨터 주식회사 출범. 애플 II 출시.

1978년   여자 친구인 크리스 앤과의 사이에서 첫딸 리사 탄생.

그러나 자신의 딸로 인정하지 않음.

1980년   애플의 기업 공개를 통해 백만장자가 됨.

1982년   리사 프로젝트에서 밀려난 후 매킨토시 책임자였던

래스킨을 밀어낸 후 매킨토시 팀의 책임자가 됨.

1983년   펩시의 사장 존 스컬리를 애플의 CEO로 영입.

1984년   매킨토시를 출시했으나 기대와 달리 판매에 실패.

1985년   존 스컬리를 쫓아내려 했으나 오히려 쫓겨남.

9월, 새로운 회사인 넥스트(NeXT) 창업.

1986년	〈스타워즈〉 감독인 조지 루커스로부터 1000만 달러에 그래픽 팀 인수.
1989년	스탠퍼드 대학 경영대학원에서 만난 로렌스 포웰과 사랑에 빠짐.
1991년	3월, 로렌스 포웰과 결혼하고 그해 9월 첫아들 리드를 얻음. 월트 디즈니와 손잡고 세계 최초의 그래픽 애니메이션을 만들기로 함.
1995년	11월, 〈토이 스토리〉 개봉. 전 세계적으로 흥행에 성공하여 3억 6200만 달러의 수익 올림.
1996년	애플이 넥스트의 소프트웨어에 관심을 가지자 3억 7750만 달러와 애플 주식 150만 주를 받고 합병에 동의.
1997년	애플의 임시 CEO를 맡아 경영에 복귀.
1998년	5월, 아이맥 출시. 첫 주에만 25만 대 넘게 판매되는 기록을 남김.
2001년	아이팟과 아이튠즈를 세상에 선보여 음악시장에 거대한 변화를 일으킴.
2003년	4월, 아이튠즈 뮤직 스토어 사이트를 개장하고 개장 18시간 만에 27만 5000곡의 노래를 파는 기록을 세움.
2004년	췌장암 진단을 받았으나 수술을 마치고 애플에 복귀.
2005년	6월, 스탠퍼드 대학 졸업식에서 연설.

2007년	1월, 터치 스크린의 아이폰을 출시하여 2010년까지 전 세계적으로 9000만 대 이상 판매.
	2월, 디즈니에게 74억 달러를 받고 픽사와 디즈니의 합병을 이뤄 냄. 이로써 디즈니의 최대 주주가 됨.
2010년	1월, 누구나 사용할 수 있고 무엇이나 할 수 있는 아이 패드를 출시하여 태블릿 시장의 혁명을 일으킴.
2011년 10월 5일	암이 전이되어 사망.

"당신이 사랑하는 것을 찾아야 한다"

감사합니다.

세계 최고 명문으로 꼽히는 대학의 졸업식에 참석하게 되어 영광입니다. 사실 저는 대학을 졸업하지 못했습니다. 태어나서 대학 졸업식을 이렇게 가까이서 보긴 처음이네요. 오늘 제 인생의 세 가지 이야기를 들려주려 합니다. 대단한 건 없습니다. 그저 세 가지 이야기일 뿐입니다.

첫 번째 이야기는 '점들의 연결'에 관한 것입니다.

저는 리드 대학교를 다닌 지 6개월 만에 자퇴했습니다. 그 후로 18개월 동안 저는 자퇴생으로 제가 듣고 싶은 수업만 들었습니다. 저는 왜 자퇴를 했을까요?

이야기는 제가 태어나기 전으로 거슬러 올라갑니다. 제 생모는 미혼의 젊은 대학원생으로 저를 입양 보내기로 결정했습니다. 그녀는 제가 대학을 졸업한 분들에게 입양되기를 강력하게 원했고, 제가 태어나면 변호사 가정에 입양되도록 모든 것을 준비했습니다. 하지만 그들은 여자아이를 간절히 원했습니다.

결국 대기자 명단에 있던 저의 양부모에게 한밤중에 전화가 걸려왔습니다. "예상치 않게 사내아이가 태어났는데, 입양하길 원하십니까?" 그들은 "물론입니다"라고 대답했습니다. 제 생모는 나중에서야 양어머니가 대학을 졸업하지 않았고, 양아버지는 고등학교도 졸업하지 않았다는 것을 알게 되었습니다. 그녀는 입양 최종동의서에 서명하기를 거부했지만, 몇 개월 후 양부모가 저를 대학에 보낸다는 조건으로 마지못해 동의했습니다. 그것이 제 인생의 시작이었습니다.

17년 후에 저는 대학에 입학했습니다. 그러나 스탠포드 대학교만큼이나 등록금이 비싼 대학을 선택했기에 노동계층이던 부모님께서 모아둔 돈이 모두 저의 학비로 쓰이게 되었습니다. 6개월이 지나고, 저는 대학에서 그만한 가치를 찾지 못했습니다. 저는 제 인생에서 제가 무엇을 하고 싶은지 알 수 없었고, 그 문제를 해결하는 데에 대학이 얼마나 도움을 줄 수 있을지 알 수가 없었습니다. 그런 상황에서 부모님이 평생 모은 돈을 그곳에다 전부 쏟아 붓고 있었던 것입니다.

그래서 저는 자퇴를 결심했고, 모든 게 잘될 거라 믿었습니다. 그 때 조금 두려웠지만, 뒤돌아보건대 그것은 내가 내린 최선의 선택 중 하나였습니다. 학교를 그만둔 순간 저는 흥미롭지 않았던 필수 과목 수강은 하지 않아도 되었습니다. 저는 관심 가는 과목들을 청강하기 시작했습니다.

모든 게 낭만적이진 않았습니다. 기숙사가 없어서 친구네 집 마룻바닥에서 자기도 했고, 음식을 사기 위해 5센트씩 하는 콜라병을 모아 환불 받기도 했으며, 일주일에 한 번씩 하레 크리슈나 사원에서 주는 밥을 먹기 위해 7마일을 걷기도 했습니다. 저는 그게 좋았습니다. 호기심과 직관을 믿고 행동한 많은 일들이 결국엔 값을 매길 수 없이 소중했음을 발견했기 때문이지요. 한 가지 예를 들어 볼까요?

당시 리드 대학교는 최고의 캘리그래피(서체) 강의를 제공하고 있었습니다. 캠퍼스 곳곳의 포스터며, 모든 서랍장의 상표들마다 글씨가 아름답게 쓰어 있었습니다. 저는 자퇴한 상황이라 정규 과목을 수강할 필요가 없었기에 캘리그래피 강의를 듣기로 했습니다. 저는 세리프와 산세리프 서체에 대해, 글자를 조합할 때 자간의 다양한 변화에 관해, 또한 무엇이 아름다운 서체를 더 아름답게 만들 수 있는지에 대해 배웠습니다. 이는 과학으로는 포착할 수 없는 아름답고 유서 깊은 예술 작업이었고 저는 그것에 완전히 매료되었습니다.

그때는 그런 수업이 제 삶에 실질적으로 도움이 될 거라고는 생각하지 못했습니다. 그러나 10년 후, 첫 번째 맥킨토시 컴퓨터를 디자인했을 때 그것들은 제게 큰 도움을 주었습니다. 우리는 맥에 그 모두를 반영해 디자인한 것입니다. 맥은 아름다운 서체를 가진 최초의 컴퓨터입니다. 만약 제가 대학에서 그 과정을 듣지 않았더라면 맥 컴퓨터의 다양한 서체와 잘 조정된 폰트는 나오지 못했을 것입니다. 윈도우가 맥을 따라했다는 것을 고려하면, 어떤 퍼스널 컴퓨터도 이런 기능을 탑재할 수 없었을 겁니다. 만일 제가 학교를 그만두지 않았다면 저는 서체 강좌를 듣지 못했을 것이고, 개인용 컴퓨터는 지금처럼 아름다운 서체를 가지지 못했을 것입니다. 물론 제가 대학교에 있을 때는 이런 하나하나의 점들을 연결시키지 못했습니다. 그러나 10년이 지난 지금 돌이켜 생각해보니 이런 사소한 것들이 모두 연결되어 있더군요. 앞을 보면서 점들을 연결할 수는 없지만 돌이켜 생각하며 점들을 연결해 낼 수는 있습니다. 어떻게든 현재의 점들이 여러분의 미래와 연결된다는 것을 믿어야 합니다. 당신의 배짱, 당신의 운명, 당신의 인생, 혹은 카르마 또는 그 무엇인가를. 이게 제가 낙담하지 않고 제 인생을 달라지게 했던 믿음입니다.

두 번째 이야기는 '사랑과 상실'에 관한 것입니다.

저는 운이 좋았습니다. 저는 제가 사랑할 수 있는 일을 일찍 발견했습니다. 스무 살 때 워즈와 저는 부모님의 차고에서 애플을 창업했습니다. 우리는 열심히 일했고, 차고에서 두 명으로 시작한 애플은 10년 후에 4000명이 넘는 직원을 가진 20억 달러의 기업으로 성장했습니다. 제가 서른 살이 되기 1년 전에 우리는 최고의 작품인 맥킨토시를 내놓았습니다. 그리고 저는 해고되었습니다. 어떻게 자기가 만든 회사에서 해고될 수 있냐고요? 글쎄요. 애플이 성장함에 따라 많은 유능한 인재들이 회사로 들어왔습니다. 처음 1년 정도는 일이 잘 진행되었습니다. 그러나 회사에 대한 비전이 어긋나기 시작했고, 이사회는 다른 사람의 편을 들었습니다. 결국 저는 서른 살에 회사에서 쫓겨났습니다. 그것도 아주 공개적으로요. 저의 모든 젊음의 중심이었던 게 사라진 것입니다. 그것은 충격이었습니다.

몇 개월 동안 저는 정말 무엇을 해야 할지 몰랐습니다. 저는 데이비드 패커드와 밥 노이스를 만나 일을 이렇게 만든 것에 대해 사과하려고도 했습니다. 아주 공개적인 실패를 했기 때문에 심지어 실리콘밸리에서 달아날 생각까지 했습니다. 하지만 저에게 여명이 찾아오고 있었습니다. 저는 여전히 제가 했던 일을 사랑했습니다. 애플에서의 일련의 사건들조차 그 마음을 꺾지 못했습니다. 저는 해고당했지만 그러나 여전히 일에 대한 사랑을 가지고 있었습니다. 그래서 저는 다시 일어서기로 결심했습니다.

당시엔 몰랐지만 애플에서 해고당한 일은 제 인생에서 가장 좋은 일이었습니다. 성공에 대한 중압감을 내려놓고 가벼운 마음으로 시작할 수 있었고, 모든 일에 대해 덜 확신하게 되었죠. 제 인생에서 가장 창조적인 시기라고 할 정도로 자유로웠습니다.

그 후 5년 동안, 저는 넥스트와 픽사라는 또 다른 회사를 시작했고, 제 아내가 된 멋진 여성과 사랑에 빠지게 되었습니다. 픽사는 세계 최초의 컴퓨터 애니메이션 영화인 〈토이 스토리〉를 만들어 냈고, 지금은 세계에서 가장 성공적인 애니메이션 스튜디오가 되었습니다. 애플이 넥스트를 인수하는 주목할 만한 일련의 사건 속에서 저는 다시 애플로 복귀하게 되었습니다. 우리가 넥스트에서 개발한 기술은 '애플 르네상스'의 중추적 역할을 해내고 있습니다. 그리고 로렌과 저는 멋진 가정을 꾸렸습니다.

제가 만일 애플에서 해고당하지 않았더라면 이런 일들도 일어나지 않았을 겁니다. 그것은 지독하게 쓴 약이었지만 환자에게는 그런 약이 필요하겠죠. 때로 삶은 당신의 뒤통수를 때릴지도 모릅니다. 그렇더라도 신념을 잃지 마십시오. 저를 계속 나아가게 한 유일한 것은 제가 한 일을 사랑했다는 것임을 확신합니다. 당신이 사랑하는 걸 발견하십시오. 사랑하는 사람에게 하는 것처럼, 일 앞에서도 진실해 지십시오. 여러분의 일은 여러분 인생의 큰 부분입니다.

그 속에서 진정한 기쁨을 누릴 수 있는 유일한 방법은 여러분이 스스로 위대한 일을 한다고 믿는 것입니다. 그리고 그 위대한 일을 할 수 있는 유일한 방법은 여러분이 사랑하는 일을 하는 것입니다. 아직까지도 위대한 무언가를 발견하지 못하셨다면, 계속해서 찾으십시오. 현실에 안주하지 마십시오. 마음으로 따르다 보면 언젠가 발견하게 될 것입니다. 인생의 모든 좋은 관계처럼, 해가 바뀌면서 조금씩 나아질 것입니다. 발견할 때까지 계속 찾길 바랍니다. 안주하지 마십시오.

세 번째 이야기는 '죽음'에 관한 것입니다.

제가 열일곱 살 때 다음과 같은 글을 읽었습니다.

"하루하루를 인생의 마지막 날인 것처럼 살아간다면 언젠가는 모든 것이 잘 풀릴 것이다."

이 글은 제게 많은 영감을 주었죠. 이후로 33년을 살아오는 동안 저는 매일 아침 거울을 보면서 스스로에게 물었습니다. "오늘이 내 인생의 마지막 날이라면, 내가 오늘 하려고 했던 일을 할 것인가?" "아니오"라고 대답하게 된다면 무언가 바꿔야 할 때인 거죠.

내가 곧 죽는다는 생각은 저의 인생에서 중요한 선택을 할 때 큰 도움을 주었습니다. 왜냐하면 거의 모든 것, 외부의 모든 기대, 모든 자신감, 수치심과 실패의 두려움, 이런 것들은 죽음 앞에선 사라져 버리고 진실로 중요한 것만 남게 되니까요. 자신이 죽는다는 것을 깨달으면 무언가를 잃어버린다는 생각의 함정에 빠지지 않게됩니다. 여러분들은 이미 알몸의 상태입니다. 더는 잃을 것도 없기에 마음을 따르지 않을 이유가 없습니다.

저는 1년 전쯤 암 진단을 받았습니다. 아침 7시 30분에 검사를 받았는데 췌장에 종양이 있다는 겁니다. 저는 췌장이 무엇인지도 몰랐습니다. 의사들은 저에게 치료가 거의 불가능한 암 중의 하나라고 말했습니다. 기껏해야 3개월에서 6개월 정도 살 수 있을 거라고 하더군요. 의사는 집에 돌아가서 주변을 정리하라고 말했습니다. 죽음을 준비하라는 의미였죠. 앞으로 10년 동안 아이들에게 해줘야 할 모든 것을 단 몇 달 안에 해야 한다는 말이었습니다. 가족들을 위해 모든 일을 잘 마무리하고 작별인사를 준비하라는 의미였습니다.

저는 하루 종일 검사를 받았고, 그날 저녁 늦게 마지막으로 생체조직을 떼어내는 검사를 받았습니다. 목구멍으로 내시경을 넣어 위와 창자를 통과해 췌장으로 바늘을 넣는 아주 고통스러운 검사였죠. 의사가 종양으로부터 세포 몇 개를 떼어냈습니다. 저는 침착했습니다. 그런데 현미경으로 검사하던 의사들이 소리치기 시작했습니다. 수술로 치료 가능한, 아주 드문 형태의 췌장암으로 밝혀졌기 때문입니다. 저는 수술을 받았고, 지금은 건강합니다.

이게 제가 죽음에 가장 가까이 갔던 순간입니다. 앞으로 수십 년 동안 이렇게 가까이 가고 싶지 않습니다. 이런 일을 경험했기에 어떤 경우엔 죽음이 유용하다는 것을, 막연하게 알고 있을 때보다 좀 더 확실하게 여러분에게 말씀 드릴 수 있습니다.

죽기를 바라는 사람은 없습니다. 심지어 천국 가길 원하는 사람조차도 그곳에 가기 위해 죽으려고 하지는 않을 겁니다. 그러나 죽음은 우리 모두가 공유하고 있는 목적지이며 어느 누구도 피해 갈 수 없습니다. 또 그렇게 되어야만 합니다. 왜냐하면 죽음은 삶이 만든 최고의 발명품이기 때문입니다. 그것은 인생을 변화시키는 대리인입니다. 그것은 오래된 것을 치움으로써 새로운 것을 위해 길을 만들어 주는 것입니다. 지금 새로운 것은 바로 여러분입니다. 그렇지만 여러분은 지금으로부터 멀지 않은 어느 날 점차 구세대가 되어 깨끗이 사라질 것입니다. 너무 드라마틱하게 들렸다면 죄송스럽지만, 사실이 그렇습니다.

여러분의 시간은 한정되어 있습니다. 그러므로 다른 사람의 인생을 사는 것처럼 시간을 낭비하지 마십시오. 다른 이들이 생각한 결과에 맞춰 살지 마십시오. 다른 이들의 생각 때문에 자신의 내면의 소리를 무시하지 마십시오. 무엇보다 중요한 것은 여러분의 마음과 직관을 따르는 용기입니다. 당신이 진정 되고 싶은 게 무엇인지 여러분은 이미 알고 있습니다. 그 외의 모든 것들은 부차적인 것에 불과합니다.

제가 어렸을 때 『*The Whole Earth Catalog*(지구 백과)』라는 놀라운 잡지가 있었습니다. 우리 세대에겐 바이블 같은 존재였죠. 개인용 컴퓨터와 데스크톱이 나오기 전인 1960년대 후반이어서 스튜어트 브랜든과 그의 팀은 타자기와 가위, 즉석카메라로 책을 만들었습니다. 구글이 사용되기 35년 전에 그들은 종이로 구글을 만든 것이죠. 간결한 도구로 만들어진 『*The Whole Earth Catalog*』는 위대한 관념으로 가득 찬 이상적인 책이었습니다. 스튜어트와 그의 팀은 시적인 감수성으로 책에 생명을 불어넣은 거죠.

스튜어트와 그의 팀은 그 잡지를 몇 차례 발행했고, 결국 최종판을 발행했습니다. 때는 1970년대 중반이었고, 그때 저는 여러분 또래의 나이였습니다. 최종판 뒷표지에는 이른 아침의 시골길 사진이 실려 있었는데, 만약 여러분이 모험을 좋아하는 사람이었다면 히치하이크하고 싶었을 겁니다. 그 사진 아래에는 이런 구절이 쓰여 있었습니다.

'Stay Hungry. Stay Foolish.(항상 갈망하라. 우직하게 나아가라.)'

그들의 마지막 작별 인사였습니다. 저도 그렇게 되길 바랍니다. 지금 새롭게 시작하는 여러분들도 그렇게 되길 기원합니다. 항상 갈망하고, 우직하게 나아가십시오.

감사합니다.

스티브 잡스의 놀라운 제품들

- 워즈니악의 회로 기판을 컴퓨터광 이외의 사람들도 사용할 수 있는 최초의 PC로 전환한 애플Ⅱ.

- 가정용 컴퓨터 혁명을 불러오고 그래픽 유저 인터페이스를 보급한 매킨토시.

- 디지털 창작의 기적을 연 〈토이 스토리〉와 픽사의 애니메이션들.

- 소매점의 역할을 브랜드 정의로 확산한 애플 스토어.

- 음악을 듣고 소비하는 방식을 변화시킨 아이팟.

- 음악 산업을 혁명적으로 변화시킨 아이튠즈 스토어.

- 휴대 전화를 음악, 사진, 동영상, 이메일, 웹 기기로 변화시킨 아이폰.

- 새로운 콘텐츠 제작 산업을 만들어 낸 앱 스토어.

- 태블릿 컴퓨팅의 문을 열고 디지털 신문, 잡지, 책, 동영상을 위한 플랫폼을 제공한 아이패드.

- 콘텐츠를 관리하는 중심 역할을 컴퓨터에게서 빼앗고 우리가 쓰는 모든 기기가 막힘없이 동기화되도록 만든 아이클라우드.

- 잡스가 자신의 가장 위대한 창조물이라고 여긴 애플, 상상력이

창의적으로 배양되고 적용되고 실행되어 지구상에서 가장 가치
있는 기업이 되다.

ⓒ 정지아, 2012

초판 1쇄 발행일 2012년 5월 4일
초판 4쇄 발행일 2025년 7월 1일

지은이   정지아
펴낸이   강병철

펴낸곳   더이룸출판사
출판등록   1997년 10월 30일 제1997-000129호
주소   04047 서울 마포구 양화로6길 49
전화   편집부 (02)324-2347 경영지원부 (02)325-6047
팩스   편집부 (02)324-2348 경영지원부 (02)2648-1311
이메일   jamoteen@jamobook.com

ISBN 978-89-5707-651-4 (44990)